U0129611

设计驱动经济变革

——中国工业设计产业的崛起与挑战

DESIGN-DRIVEN ECONOMIC CHANGE

The Rise and Challenges of Chinese Design Industry

李 昂 著

机 械 工 业 出 版 社

本书以我国当前日益兴起的工业设计热潮为背景，围绕工业设计的产业化理论与具体建设工作展开，以企业的价值创造为起点，从整个产业链的角度分析中国工业设计产业在演进历程与组成结构等方面同西方发达国家之间的异同，进而理清其产业化发展的现状与潜力，为我国转变经济增长方式、加快工业领域的自主创新体系建设提供新的选择与路径。

本书在学术研究与实地调研工作的基础上撰写，可作为新兴产业驱动经济发展的理论读物，亦可作为工业设计与相关专业领域的参考书目，还可供政府、科研机构、企业的主管部门人员以及大专院校的师生参考使用。

图书在版编目（CIP）数据

设计驱动经济变革：中国工业设计产业的崛起与挑战/李昂著.
—北京：机械工业出版社，2014.5

ISBN 978-7-111-46406-8

Ⅰ．①设…　Ⅱ．①李…　Ⅲ．①工业设计—产业发展—研究—中国　Ⅳ．①F426

中国版本图书馆 CIP 数据核字（2014）第 069286 号

机械工业出版社（北京市百万庄大街 22 号　邮政编码 100037）
策划编辑：何月秋　　责任编辑：何月秋
责任校对：郭明磊　　封面设计：马精明
责任印制：李　洋

北京宝昌彩色印刷有限公司印刷

2014 年 7 月第 1 版第 1 次印刷
169mm×239mm·15.5 印张·2 插页·222 千字
0001—3000 册
标准书号：ISBN 978-7-111-46406-8
定价：58.00 元

凡购本书，如有缺页、倒页、脱页，由本社发行部调换

电话服务　　　　　　　　　　　网络服务
社服务中心：（010）88361066　　教材网：http://www.cmpedu.com
销售一部：（010）68326294　　机工官网：http://www.cmpbook.com
销售二部：（010）88379649　　机工官博：http://weibo.com/cmp1952
读者购书热线：（010）88379203　　**封面无防伪标均为盗版**
编辑热线：（010）88379732

致　谢

中国的工业设计事业伴随着共和国建设的历程几经辗转，如今的规模与体量已在全球首屈一指。然而，当占世界近五分之一比重、承载国家经济命脉的国内制造业在全球化的挑战中处于转型的关键之际时，前者却无法对其实施有效协助、促使变革以度过危机，相反，自身在阻力与困境面前充斥着疑虑与不安。所幸于此之上，还有一大批国内工业设计的先驱与建设者们在不懈奋斗中担当起中国工业设计事业成长的脊梁，将国家与人民通过各类投入赋予的职责力行实践。作为这一过程的经历者、见证者，我的内心屡起波澜。

本书的问世首先要衷心感谢我的老师柳冠中先生。追忆过往，先生的真知、洞见、使命感、责任心不仅使我逐步收获了眼界、知识与技能，更使我感悟到何谓付出、奉献与执着追求。先生数十年如一日的忘我工作、奔走呐喊，教会我对于事业热爱的真义——不仅在繁荣、顺境与富足中，同样在荒芜、低落与失望时。回首曾经在先生门下研习的数年，这份荣幸将终生与我相伴。

本书的主体研究工作是在清华大学学习期间完成的，在此也特别感谢清华大学的严扬教授、蔡军教授、王明旨教授、鲁晓波教授、刘振生教授在研究过程中给予的悉心指点，以及赵萌书记、邹欣书记、何洁院长、郑曙旸院长、杭间院长在工作进展中的悉心关照。我深深相信，如果没有各位老师的支持与帮助，没有清华大学提供的广阔平台，任何有价值的研究成果都将无从谈起。

本书写作期间，前往美国北卡罗来纳州立大学进行研究访问的经历令我感触深刻，记忆犹新。很多启发性的思路是在那一阶段获得的，Haig Khachatoorian 教授已成为忘年挚友。作为北美设计业界的领军人物，

Khachatoorian 教授令人吃惊的亲切、和善与跨越国界的专业精神，使我很快度过了只身前往美国的适应期，全身心地投入到与教授的交流、探讨和研究工作中。这些异乡的过往如今都已成为宝贵的财富，希望不久的将来就可以与 Khachatoorian 教授再相见。

本书的最终出版得到了机械工业出版社的大力支持。我的清华大学学长，原国务院机电产品出口办公室主任、国家机械工业部副部长沈烈初先生特为本书作序，在此致以诚挚的谢意！

李　昂

序

　　工业设计概括而言是工业产品的传达方式设计，它具有原理性、功能性与观赏性的多重属性，因而是工程技术与美学、心理学、人机工程学及数字化三维设计技术等互相渗透、互相结合、互相交叉形成的学科和专业，以至于形成了一个新兴的产业体系，这一产业体系是实体经济与知识经济融合的新经济形态。

　　现代工业设计是随着工业化进程而成型与发展的，历次工业革命都促进了工业设计的跨越式进步。一些专家学者认为，目前的人类社会已经开始进入第三次工业革命时代，其主要特征一方面是信息化技术的快速发展以及生物工程、新材料等新兴产业的逐步兴起，另一方面是物质生产模式的革命性转变以及生产效率的快速提高，致使生产方式的进一步社会化、专业化。在上述趋势下，各类新产品、特别是新型投资类与消费类产品层出不穷，当然也包括众多新颖的耐用机电类产品，其更新速度同样飞快。随着人均财富的迅速积累，中高收入人群对于工业产品的文化属性要求变得更高、更为丰富，这些变化对于产品的工业设计提出了更高的要求，也进而有力地推动着现代工业设计的快速发展。

　　当今的中国正处于从"工业大国"向"工业强国"、从"中国制造"向"中国创造"全面转型的历史进程之中，品牌战略因而显得尤为重要，由此也使得各行各业离不开现代工业设计的有机支撑。在"使用性消费"与"文化性消费"所构成的主体消费结构中，后者越来越多地被社会所重视，这是源于人们生活方式发生的巨大变化。以信息化为特征的第三次工业革命正加速改变着传统生活方式的方方面面，大大缩短了人们相互之间的时空距离，新一代的公民正处在热情、奔放的时代背景下，其文化需求也变得越来越标新立异，这给工业设计的发展提供了十分重要的机遇。

中国现代工业设计真正意义上的发展是随着改革开放而兴起的。人们接触了大量发达国家的工业产品，深深感觉到其不仅在内在质量上明显优于我国的同类产品，而且在外观品质、观赏性、人机操作的舒适度等方面同样更胜一筹，打开了我国消费者的眼界，伴随而来的市场需求也成为促进我国工业设计发展的切实动力。由于改革开放的前一二十年，我们处在"三来一补"的代工制造业形态，主要通过生产中低端产品用于出口来解决大量劳动力的就业和获得外汇来源，因此造成了模仿为主、创新能力不足的现状，其影响一直延续到今天，这在很大程度上制约了我国工业设计的发展与进步。

尽管如此，改革开放三十多年来，我国依然形成了一个不小的工业设计从业规模。据作者统计，目前我国有 6000 多家工业设计相关企业，2000多家工业设计服务机构，累计工业设计从业人员已达到 50 万人。工业设计院校超过 500 所，在校学生约 10 万人，年平均毕业学生约 3 万人。上述发展规模已然跃居世界首位，但对于国民经济发展的贡献却不很理想。

从现实情况看，工业设计的作用还没有被我国包括政府官员、企业家以及经济学家在内的大多数人所理解，但就功能性而言，工业设计则愈发显示出其自身的重要性。例如高铁列车车头为了减少空气阻力，经过多次风洞试验而设计为流线型，促成了功能与形式的有机融合；一些舰船、作战飞机等为了达到"隐形性"，必须在外形设计上使其形成对雷达波的乱反射，以及利用外层涂料吸收雷达波及红外波；再例如国人关心的私人轿车，不仅内在质量要好，其车型种类的创新性以及外观的新颖程度也愈发受到重视。上述实例都反映出工业设计在现代工业产品与消费市场中重要性的日益提升。西方发达国家经过长时间的工业发展积淀，涌现出了不少大师级的工业设计师，他们的设计思想引领着时代发展的潮流。由于需要借助工业化手段打造产品，工业设计也凸显出其自身与艺术的不同之处，因而从某种意义上而言，培养优秀的工业设计师较之艺术家更为困难，其知识范畴与能力结构需要兼顾工业生产与社会文化的多个方面，用以创造具有高附加值的工业产品类型，进而形成企业的品牌实质，获取知识经济体系中的最大利润。

中国是一个具有五千年文化传统的文明古国，底蕴十分丰厚。从历史唯物主义的视角来说，自手工业出现后，"古典"的设计便应运而生。从渔猎时代过渡到农耕时代，生产力有了很大提高，开始出现了阶级和国家。为了满足人民的生活必需、宗教祭祀以及统治者的需要，就出现了陶器（瓮、罐、釜、盆等）、玉器（龙、佩、圭等）、青铜器（鼎、尊等）等器物，而它们普遍都拥有精致的外观与使用性设计。在这以后发展的瓷器、漆器等，都秉持功能性与观赏性的和谐统一，也因此誉满世界。我国当代的工业设计师要珍惜和重视中国历史中的设计源流，在继承传统设计意识与吸纳现代设计思想的基础上勇于创新、力行实践，形成具有"中国风格"的工业设计发展潮流。

进入新世纪以来，工业设计在我国的产业化发展日渐提速。从本书中可以得知，2009 年，我国与工业设计相关的外观设计、实用新型、发明等三项专利内容的授权量分别相当于 2001 年的 5.73 倍、3.75 倍和 7.88 倍，各类工业设计相关企业的数量更是相比 20 世纪八九十年代有百倍数量的增长。2010 年 7 月，中国工业和信息化部联合 11 个部委下发了《关于促进工业设计发展的若干指导意见》，这表明推进工业设计的发展已上升至国家战略层面，极为可喜。

本书作者李昂博士有着深厚的理论功底和丰富的实践经验，他在《设计驱动经济变革——中国工业设计产业的崛起与挑战》这一著作中，从中观产业视角研究了全球体系下的工业设计产业发展历程、理论体系与实施方法，与此同时又结合中国实际，进行了大规模的调查分析与实证考察工作，从中得出了许多重要规律，也相应提出了不少中肯的建议。这本带有深入论述性、研究性的著作，必将对中国工业设计及其产业化、战略化的发展产生重大影响。由于本书中含有大量涉及哲学、经济学、社会学等相关学科的词汇内容，又有很多国外文献转译而来的名词，需要读者在阅读时加以耐心体会。

我是一个工业设计的门外汉，在阅读、学习这本著作的过程中，得到很多有益的启示。希望本书在出版之后，有关政府部门的官员、行业组织的领导、企业的决策者以及设置有工业设计专业的院校教师、学生及 50 万工业设计从业人员都能够拿出时间详加阅读和研究本著作，必定会有很大收获，由此共同推动工业设计在促进我国工业转型升级、产业结构调整以及全球化经济战略中重要价值的全面实现，为将我国进一步打造成为现代化、创新型国家，以更强大的综合实力屹立于世界之林做出关键贡献。

原国家机械工业部副部长　沈烈初

前　言

国务院在 2014 年 3 月 14 日出台的《关于推进文化创意和设计服务与相关产业融合发展的若干意见》中明确指出，要"促进工业设计向高端综合设计服务转变，塑造制造业新优势"。这一部署对于推进我国工业设计的产业化发展水平、提升制造业的自主创新能力与产品价值含量具有重大意义。

本书研究的中心目标在于对全球化体系下的中国工业设计产业的现状与综合发展水平进行定位，通过针对时间演进与空间结构的考察，以产业链与价值增值视角分析制约我国工业设计产业与制造业发展需求之间产生严重错位的原因，在此基础上提出相应的政策建议，为国家"十二五"规划中"促进设计服务模式从低端向高端发展转型"的政策规划给予实施参考。具体的分支性目标包括：①理清工业设计的职能、价值结构与产业内涵，建立统一性的对话语境；②考察工业设计产业的全球演进体系，定位中国当前工业设计产业的发展阶段；③考察中国工业设计产业的现状与各主要地区发展水平，分析其原理与特性；④在对工业设计产业逻辑组织结构研究的基础上考察中国工业设计产业独特的主体结构，进行以此为依据的实证研究；⑤对中国工业设计产业的形成机理、综合发展水平等全局性问题进行结论评议，在逻辑层面生成产业发展全貌，并提出数理统计基础与政策建议。

在研究思路上，本书的整体脉络分为四个部分：首先理清工业设计产业是一个怎样的概念，它的溯源、内涵、定义和特性分别是什么，对于产业内部的产品、企业和外部的国民经济具有哪些基础性职能；进而分析中国工业设计产业对全球工业设计产业演进体系的继承情况和阶段性定位如何，形成了哪些自身的局部性原理与表现特征；在此基础上，通过对工业设计产业逻辑结构的研究，重点对中国工业设计产业进行结构性考察，如果产业的演进特性能够在结构问题上得以显现，则证明结构性的局部缺位问题很有可能是造成中国工业设计产业对接制造需求低效的重要原因所在，进而有必要对产业的综合发展水平与主要矛盾进行重新定位，并由此提出针对性的政策建议。

在研究结构上，本书的研究布局是一个在产业不同方面的逻辑原型与现实特征之间进行相互论证与相互修正的总体过程：以工业设计产业的内涵研究为起始，以全球体系下中国工业设计产业的演进性研究与结构性研究为上下半程，最终在分析产业综合发展水平和主要矛盾上得到回归与收尾。研究首先通过对所涉及概念的回顾与分析，提炼出工业设计的职能与价值结构，由此得出工业设计产业的基本内涵与生产特性，这是本书研究工作的第一个逻辑原型，即"价值原型"，强调原理性特质；以此为依据，对工业设计产业的全球演进体系进行生产意识、生产模式与生产秩序三方面的解读，将此价值原型生成动态性、阶段性局面，从而为研究中国工业设计产业的演进建立了一个分析框架，这是研究工作的第二个逻辑原型，即"演进原型"，强调时间性特质；依此推演，在对中国工业设计产业的演进局面进行逻辑定位后，着重对现实的发展状况进行国家层面与区域层面的考察，将其与逻辑内容进行对比，在矛盾中分析产业的成因与驱动机理，至此使上半程研究告一段落；接下来，本书将回到产业原型的层面，对已生成的工业设计产业时间演进原型进行空间结构性、层次性的剖析，使之在宏观演进的基础上更加趋向一个具有微观结构层次的系统形态，成为分析我国工业设计产业结构的逻辑基础 —— 这是研究工作的第三个逻辑原型，即"结构原型"，强调空间性特质；基于该原型针对中国工业设计产业特征性的主体结构进行研究，具体包括生产结构与平台结构两个主体部分，至此结束下半程的研究工作。最后，将概念性、时间性、空间性的研究进行归纳与综合，结合作者深入全国十余个工业设计产业发展的代表性省市所进行的实地考察与调研工作，对我国工业设计产业的整体发展水平与主要矛盾进行结论性评议，并提出针对宏观、中观、微观、路径、布局和着力点等六个不同层面的政策建议与改革意见。

著　者

目　　录

第1章 导论

工业革命之后的一个多世纪以来，设计活动的独立价值在产品同质化的矛盾中逐步显现。工业设计作为设计活动在工业化时代的中心，几经社会形态与表现风格的辗转变迁，在当今工业经济中的必要性已上升到新的高度。

工业设计通过创造"工业生产的社会性传达结构"来实现自身的特有职能，拥有生产与文化的同构性二元价值结构，其产业化的发展和其他非实体性产业一样，呈现从无到有，从不充分到充分的投入与产出过程。在必需品经济、用品经济和初期的服务经济时期，工业设计产业的投入与产出路径被层层包裹，还未从"实体产品经济"中独立出来。随着经济模式的升级和文化性消费相对于使用性消费比重的提升，工业设计产业也必然从传统的产品经济形态中分离。

就世界范围看，工业设计的产业化过程以职业形态起步，在20世纪30年代的美国经历了首个职业化的高速发展阶段（Gantz，2010），致使自身的体量与规模都得到重要的积累。二次世界大战以后，伴随着参战各国工业经济的重建，工业设计产业得以探索出自身的市场环境，价值生产的意识形态也不再如观念碰撞阶段的起起伏伏，企业的生产组织模式基本稳定下来，产业呈现出稳定且多元化发展的整体趋势，主体性意识初步显现。时至今日，全球已约有20个国家建立了自身的工业设计产业发展政策。作为约占全球制造业比重1/5、实体制造业比重1/3的中国，已然处于全球工业设计产业的战略增长期。

中国工业设计产业在20世纪80年代伴随着工业设计教育与企业的出现开始起步，在发展路径上基本继承了全球的逻辑演进体系，但与英国、美国、日本等国相比，产业发展的社会环境已有明显不同。短暂的

30 年间，中国工业设计产业的规模已直指世界首位。截止到 2011 年年底，国内工业设计相关企业已超过 6000 家，职业工业设计公司超过 2000 家，全国工业设计从业人员近 50 万人。外观专利申请年平均增长率接近 33%。另一方面，中国工业和信息化部在 2010 年 7 月联合中央十一部委发布了《关于促进工业设计发展的若干指导意见》，这标志着国内工业设计产业已初步纳入国家战略，从职业化历经规模化再到战略层面的周期对比世界经验而言缩短了近一百年。

加入世贸组织以后，特别是在 2008 年金融海啸的洗礼中，过度的上游依赖导致的核心技术、核心产品缺失使得中国传统的劳动密集型产业和加工型制造业以自主创新为中心的转型升级已无法回避。从理论上而言，工业设计产业的高速发展应能够有效促进上述转型升级的过程，但事实却反映出这一推论的过度乐观性：具有规模体量与政策力度双重比较优势的中国工业设计产业不仅未能通过"创新性""突破性"产品帮助制造业企业走出困境，相反，自身的从业者流失现象却十分明显。据作者针对深圳市的实地调查样本统计，在企业方面，能够持续进行 2 年以上工业设计工作的从业人员尚不足统计样本的 20%，而院校毕业生延续工业设计就业选择的人数比重仅占 10%。如果这份局部样本所反映出的"玻璃天花板"式的供需错位现象代表了一定的普遍性，中国的工业设计产业发展将面临在可持续方面的严峻挑战。

从原理上看，制造业企业在其自身的生产主体与产业的环境客体间生存，产品在一定程度上相当于相应产业结构的镜像。改革开放以来，我国通过粗放型、集约型的思路在经济建设初期取得了巨大成就，社会工业化程度也明显提高，然而产业结构在创新性、协调性上的问题却日趋尖锐。伴随着国民经济的进一步发展和工业生产规模的进一步扩大，传统产业结构与现代市场演进的矛盾开始显现，以往劳动密集型的产业结构将向技术密集型、智力密集型艰难转变。我国的工业设计产业正是在这一转变过程中得以迈向高速发展时期，并且初步具备了自身发展的专业技术、政策环境、社会环境和从业基础。由于实体制造业是我国国民经济的主体，以服务于实体制造业发展为中心的工业设计产业相当于触碰到了我国国民经济的命脉。转型危机驱动下的产业发展虽然存在各种隐患，但也构成了我国工业设计产业的基本国情，回避对这个基本国情的研究，就无法找到产业脱困与日后成长的立足点。

当前，工业设计产业还被制造业、生产性服务业、文化创意产业等相关概念包裹。与此同时，中国工业和信息化部的中央政策发布与实施以来，讨论工业设计的政策文件、学术文献，以及相关的理论材料数量剧增，但其中有关工业设计业态的表述却十分混乱，对于"专业""行业""产业""事业"等表示多有提及，却常不加以区别，滥用现象比较普遍。在产业供求错位的情况下，系统性、逻辑性、结构性认识的需要开始变得十分迫切。

本研究将工业设计置于中观产业经济层面，使其能够从微观的职业语境和宏观的事业语境中抽离出来，以企业的价值创造为起点，从整个产业链的角度分析中国工业设计产业在演进与构成等方面与国外主要工业设计产业国家之间的异同，从而找出制约中国工业设计产业整体竞争力的症结所在，为我国工业设计产业的良性发展、从业者社会地位的改善，以及政策规划和实施效率的提升进行基础研究工作。

从生产的角度来看，"工业设计产业"包含了一个由"设计"（Design）"工业设计"（Industrial Design）和"工业设计产业"（Industrial Design Industry）等三类产出活动所组成的嵌套式结构。在概念界定方面，对于前两者，学术界在论述上一直存在诸多争议；而对于"工业设计产业"这一概念的学理性描述，迄今为止国内外均处于空白状态。鉴于上述概念研究工作已呈现相当体量，因而将放在正文部分进行独立的逻辑分析，此处仅对"工业设计"在研究中指代的范围作出统一。

就认识论的角度而言，当前工业设计的认知范围由一组时间概念——即"传统工业设计"与"现代工业设计"，以及由后者分化而成的一组空

间概念 ——"广义工业设计"与"狭义工业设计"所组成。其中，传统工业设计一般是指对以工业手段生产的产品所进行的规划与设计，从而使之与使用者之间取得匹配的创造性活动；现代工业设计中的广义工业设计是指为了达到某一特定目的，从构思到建立一个切实可行的实施方案并且用相应手段将其实现的行为，包含了一切使用工业化手段进行生产和服务的设计过程；狭义工业设计则特指工业产品的设计，即针对工业化时代中人与自然和人与自身需求之间的工具关联所作的响应，进而以工业批量化手段制造与实现的过程。与此同时，从事理的角度来说，由于工业化的本质在于产业分工的深化和产业结构推演过程中诸多关系的变化，因而其本身也有一个过程性、动态发展的概念，不能用一种固定的内容定义工业化的全部特质。工业设计作为工业化系统中的子系统，在内涵上也必然呈现上述的动态性。在具体的概念描述问题上，将在正文中给予梳理与分析。

鉴于本研究侧重于工业设计的应用形态，牵扯到价值变化的一系列过程，因而选用"现代工业设计中的狭义工业设计概念"作为本研究的价值本体。加之中国问题研究所涉及的工业经济特征，使研究将更加聚焦于制造业，特别是面向实体制造业进行的工业设计活动。

第2章 工业设计的价值基础与产业内涵

工业革命后的百余年间，设计活动的独立价值逐步在产品同质化的矛盾下显现。就工业设计来看，其以职业化属性广泛介入工业制造体系是从 19 世纪末开始的，在 20 世纪 30 年代的美国经历了首个高速增长阶段。当时，美国工业制品依靠工业设计的融入，快速改善了出口和内需状况，成功地使本国制造经济从大萧条（1929—1933）的泥沼中爬出[①]，并引发了持续近 30 年的工业设计热潮。20 世纪下半叶，工业设计通过与电子信息业的融合，使得工业领域最终诞生了以索尼公司（Sony Corporation Inc.）、苹果公司（Apple Inc.）等为代表的"设计驱动型制造业企业"。工业设计存在于现代生产制造体系中的必要性借由产品可观的利润提升到了新的认知高度。伴随着影响力的提升与从业规模的扩大，工业设计快速的产业化发展也成为必然。

产业研究以生产企业及其关联性企业的经济活动为视角，"价值（value）"是其中的一个基本的研究量度，也是进一步探讨产业演进、结构等相关问题的前提。多年以来，工业设计在制造业等工业领域广泛开展，但对其价值认知的剥离过程却显得举步维艰。全球工业制造领域一直期望破译工业设计屡被赋予的"撬动性"价值机理，但从目前的研究与实践来看，进展却着实有限。当前业界对于工业设计的不完整认识主要体现在两个方面：一是片面性，认为工业设计仅是工业产品外观的美化过程；二是宽泛性，将工业设计上升到社会伦理等抽象范畴，使其包含内容过于宽泛，实质不清。例如：国际工业设计联

---

① 大萧条（The Great Depression），是指 1929 年至 1933 年之间全球性的经济大衰退。大萧条期间约有 200～400 万中学生中途辍学；许多人忍受不了生理和心理的痛苦而自杀；社会治安日益恶化。其中最重要的问题是失业。在美国，失业人口总数达到了 830 万人，在英国则有 500～700 万人失业。

合会（International Council of Societies of Industrial Design）在 2006 年使用将近 500 余字界定了工业设计的官方定义。显然，如此庞大的信息量在指导设计实践和政府推进工作上是困难的。此外，尚有相当数量并且引用率颇高的观点欠缺必要的根据。例如："1990 年美国工业设计协会对企业调查统计，美国企业平均工业设计每投入 1 美元，其销售收入为 2500 美元"等论述，然而对其计算方法却少有提及。以上现象表明全球工业设计产业仍普遍处于要素碰撞阶段，理论体系还有待研究与完善。

为对工业设计产业建立基本逻辑，有必要首先对其职能进行定位，进而对工业设计的价值内容进行描述，以此作为进行产业研究的基础。

2.1　设计职能的认知演进

"职能"是以应用性为中心的概念表述（Ehrenfeld，2008），在一定程度上区别于描述性的逻辑思辨。职能性研究是考察一类社会活动价值的路径。"设计"的意识形态是"工业设计"的思想内核，在一般的专业性认知中，两者虽然有领域界定上的差异，但通常在思维逻辑上保持一致。甚至对于许多学者而言，设计就是指工业设计（Walker，1990）。鉴于此，为了对工业设计的价值结构加以了解，进而分析其产业演进等相关问题，对于"设计职能"的理解就变得十分重要。

事实上，有关"设计职能"的认知努力由来已久，自 16 世纪以来，对设计活动的认知探索就已经开始。"设计"一词首次出现在人类字典上时，其职能被论述为"人们设想的为实现某物而做的方案或计划；艺术作品的最初图绘的草稿；规范应用艺术品制作完成的草图"（牛津字典，1588）。若据此概念，设计活动"从石器时代起就已经诞生了"

（Burdek，2005）。实践应用与主体意识间隔的时间之久，在其他人类的应用性行为中是罕见的。自此以后，有关设计职能的认知开始分别在设计领域和经济领域（部分涉及科学）相继延伸，形成了目前解读设计价值的两种基本视角。

2.1.1 设计领域的认知演进

20 世纪中叶以后，设计应用的研究性比重开始显著增加（Arnold，1993）。一方面是由于系统论、控制论等在工程领域的成就对设计的专业理论有所触动，使人们相信所有复杂、庞大的问题都可以通过"系统"相关的方法加以解决（唐林涛，2004）；另一方面也与各国战后重建直至多元化发展给予设计发展以巨大的空间尺度相关，后者增强了设计者的责任感与主动性。有很多设计领域的专家曾对此作出过重要贡献，我们选择设计职能在自身领域的认知演进依循 Christopher Alexander（1964）、Victor Papanek（1972，1985）、柳冠中（1995，2006）与 Roberto Verganti（2007）等四种代表性观点进行回顾和分析。

2.1.1.1 Christopher Alexander

借助系统理论构建和解决设计问题是对设计职能认知在 20 世纪的一个突破。Alexander（1964）对此曾给予精辟论述："一切设计工作的职能都是创造一种设计物与使用情境之间的'匹配'（*fitness*），从而使得两者的关系更加趋向和谐（*harmony*），拉近使用者与其意图之间的距离"。在具体方法上，Alexander 借助将设计问题归于可分解的"层级系统结构"，从部分、结构与系统表现三方面将设计问题进行分解（唐林涛，2004），试图建立一种类似自然秩序的设计秩序，他称之为"设计的有机秩序"（*organic order of design*）（见图 2.1）。

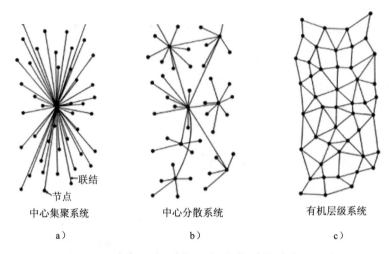

图 2.1 "有机层级系统"与其他系统秩序的比较

（信息来源：Baran P. Monopoly Capital: An Essay on the American Economic and Social Order. New York: Monthly Review Press, 1966）

在职业设计发展初期，设计界曾普遍认为，作为一种创造性主导的活动，设计的过程是不可控的，因而其成果也就充满了不确定性。设计的职能趋向于一种由设计师主导的标新立异的形式，尽管很多形式思想也是深刻和富有哲理的。Alexander 否定了这种论调，强调设计的职能是建立一种主体与使用情境之间的桥梁，并且这一工作可以借助系统的思想，通过针对主要矛盾的形式综合（*synthesis of form*）加以实现。Alexander 的思想至少有两点十分重要，一是通过定义设计的匹配职能，将设计问题的成果定位于一个以使用为中心的"适应性界面"（*adaptive interface*），而不是单纯的创造性或装饰性，且独立于使用之外存在的事物；二是复杂性系统可以借由设计加以支配，通过减少层级结构从而降低其复杂程度。

Alexander 实则是在为设计寻求一个合理的职能定位，这种定位关注适应性，通过系统构建的方式加以获得，其职能相当于创建一种达成目标的手段，而成果早在赋予这种手段以功能和形式之前就已经确定了。尽管对于业已形成的科学、社会学等学科体系而言，Alexander 的设计理论显得颇为深邃，并且带有一定程度的神秘论色彩（Clark，2000），但 Simon（1981）

后来还是从科学角度对此给予了支持，并在其复杂系统理论（*system of complexity*）中引述与发展了这种观点。

2.1.1.2 Victor Papanek

系统加工的设计过程虽然体现了思维的严谨性，使设计职能看似明确在可以把控的范围，却在相当程度上影响了设计工作的创造性。作为一个精神层面主导的行为（Conran，2005），设计固然存在功用和理性的一面，使其能够为使用者服务，但任何设计工作者都从内心明白，逻辑理性远不是设计所能提供价值的全部。Papanek（1985）曾对此针对性地谈到："诚然，设计活动常常赋予所希冀的目标以各项匹配：方法、功用、关联性等等，然而设计师的最终追求却通常不止于此"，他们"始于复杂（*complexity*）"，"却终于简洁（*simplicity*）"，美学（*aesthetics*）因此也显得重要。设计的根本目标在于"在意识与直觉的指导下刻画有意义的秩序（*impose meaningful order*）"。

职业设计虽然加快了设计自身从哲学母体中的脱离，但纵观 170 余年的职业化历程，在观念、对象、方法等等原理性内容始终充满争议的背景下，设计还依附于工程、经济、社会、艺术等等独立的学科之上，波澜壮阔的潮流变迁恰似设计自身充满矛盾、动荡的内涵缩影，它的职能与成果必然也难以统一。

Papanek 虽然反对了 Alexander（1964）提出的适应性系统，然而他的工作却是在后者基础上的延伸。"意义性秩序"弥补了"适应性系统"的不足，设计动用了文化性杠杆对逻辑理性加以完善，这一工作的进步性是相当壮丽的。在这种源于自由意识的理性下，设计的职能得以进一步独立与明确：它不仅仅能够通过适应性原则解决复杂问题，还能够进一步使这种解决过程的结果趋向简约，在功用层面下构筑事物在人类脑海中秩序层面的感知范畴。Papanek 的秩序观念及其著作 *Design for The Real World: Human Ecology and Social Change*（1972）由于强调设计的伦理价值而饱受争议，但却无疑对设计职能的认知做出了卓越贡献。

然而我们必须再次强调，"意义性秩序"并非是对"适应性系统"的否定，两者有着共同的逻辑母体。

2.1.1.3　柳冠中

Papanek（1985）的观念对于传统逻辑理论极具挑战性，以至于业界将目光过度集中于这种挑战与交锋的态势本身，却常常忽略了这种挑战在深层次对于社会与人造事物发展的忧虑，这种隐忧实则存在于设计职能的社会性层面，对于其如何介入社会系统十分重要。设计的最终职能是改造人类环境、工具及人本身，这意味着反作用力的存在 —— 可以使其变得更好，但也可能更坏（Artfield，1993）。

没有任何一类职业能够高于人类的生活与行为方式而独立生存，因此在探讨职能性问题时，我们无法回避将其中的任何一类 —— 当然也包括设计，置于技术性与社会性的双重维度加以分析，并且随着人类生存的保障性与经济主体性的增强，社会性将很可能在职能体系中成为主导。柳冠中（1995）对此曾给予评述："设计是一种创造行为，目的在于创造一种更为合理的生存（使用）方式"。在他的著作《事理学论纲》（2006）中，这一内涵围绕"工业设计"得到了进一步拓展："工业设计是人类总体文化对工业文明思想的修正，它的本质是：重组知识结构，整合资源，创新产业机制，引导人类社会健康、合理的可持续生存发展的需求"。在逻辑层面是对于社会性与适应性原则的综合。

就当前而言，设计活动作为完整工业化系统的有机构成，其存在意义在于通过对工业化流程内生产、流通、销售、服务等环节的综合调配，解决工业化社会中制造和受众需求以及社会各工种、各专业、各利益集团之间的矛盾，从而以"生产关系"的角色优化工业化系统中各环节要素的合理匹配，以提升社会生产的效率 —— 这是"生活方式论"的原理性阐述。很多国内的学者在此基础上给予了一定完善（蒋红斌，2004；刘新，2010；等）。设计活动的职能由此将延伸到产业结构的范畴，这对于产业研究而言是一个有益的切入点。

2.1.1.4　Roberto Verganti

就企业对设计职能的具体应用而言，系统性、社会性的宏观视角显得不够直接，因此也就难以取得从业领域大面积的共鸣。Verganti（2007）在 *Design Driven Innovation: Changing the Rules of Competition by Radically Innovating What Things Mean*（2007）一书中缓解了这种困境：“所有的产品创新行为都是由两个维度的工作达成的。一是技术（*technology*）创新的维度，二是语意（*message*）创新的维度，而后者就是设计职能的实质所在 —— 创造产品意义（*product meaning*）”。

在设计职能的实效性研究方面，Verganti 可谓具有重要突破，很多企业对于设计的真正接纳是从 Verganti 的“意义搭建职能”开始的。从历史上看，Verganti 并非提出意义范畴的第一人，Papanek（1985）早在 20 世纪就曾有过相关的论述，只不过这一卓有见地的观点被 Papanek 强烈的反思性语境与社会责任感冲淡了。不论如何，搭建产品的意义是一个直观易懂的提法，设计职能由此得以在企业范畴内从笼统的概念中分化。

就原理而言，意义搭建借用了心理学体系中的“意向”这一概念（Meyer，2003），具体源自心理学体系内的符号学分支，包括“能指”和“所指”的编码与解码过程，历史上曾有多位杰出的学者将设计的职能与此关联（Amsden，1989；等）。将设计职能定位于符号逻辑有其优点，使之能够从企业或社会庞大的职能体系中独立出来，但也有相当的隐忧 —— 设计工作由此可能变得过度抽象，进而造成一般设计者的畏惧心理。此外，符号的逻辑在诸如纳入生产制造流程、构建设计师的社会职责等方面也尚不能涵盖全面，这是学术界对于“意义搭建职能”接纳度一直有限的原因所在。

2.1.2　经济领域的认知演进

在设计领域通过“技术性—社会性”所构筑的职能研究结构中，科学与经济领域往往更加关注前者,这一点与设计领域有所差异。科学关注规律,而经济则聚焦供需。换言之,设计职能的研究在科学与经济领域分别转化为对规律与价值的探讨,最终将统一在价值创造这一根本问题中间,基于社会性的讨论亦将在此得以初步归拢,虽然这种归拢要以牺牲一些社会性内涵为代价,却将能够为职能和产业研究本身建立基础。我们的分析同样将沿着四种代表性意见加以展开。

2.1.2.1 Herbert Simon

Simon(1981)较早地从科学视角出发对设计职能问题围绕着"知识经济"的概念进行过研究。他在 *The Sciences of Artificial*(1981)一书中曾谈到:"设计可以视作一系列使资源转化为使用价值的指令集合(*instructions*)"。由此一来,在任何一项创新活动中,无论是有形的产品与流程、无形的服务与体验,抑或是企业战略、组织架构、管理方案,都有设计职能的参与,设计始于"人类具有目的性的实践(*purposeful human effort*)"。Simon 将设计的职能归于一种"形式转化",将原本不具备服务功能的资源形态(*resource*),通过设计加工后使其成为有价值的服务形态(*service*),而这种服务形态的载体则可以是多样化的,不局限于有形产品。

Simon 的思想意在表明设计的职能在于构建一种"资源组织机理",使原本不具备价值指向性的资源通过整合产生价值,并且这一过程是创新的而非重复性的。作为设计工作的结果,Simon 借助了一个隐晦性的表述"一项设计任务就是一系列针对问题解决的过程,这一过程的产出结果是一个基于问题解决方案的'特定物(*a particular thing*)'"—— 可以是有形的产品,也可以是无形的服务,或者是两者的综合体。但这一"特定物"是何所指,却被其性质描述带过了。

Simon 的观念源于系统论的基本思想。在系统中,整体具有部分之和无法到达的价值(Bertalanffy,1955)。Simon 的思想在之后的数年内得到了广泛支持,甚至影响了设计学理论的走向。Baumol(2002)在此基础上补充谈到："鉴于设计活动的形式转化职能，便可以将当前以产品竞争为代表的知识经济理解为设计的竞争，企业的竞争手段毫无例外都是借助永无止境的新设计（*new designs*）"。与此同时，也有学者对此提出异议。"设计的确为资源提供了一个命题性的方向，但仅有此还不足以促成使资源产生价值。对于产品等企业竞争的载体而言，唯有在设计之上再通过一种规范性知识的加工才能完成这一转化过程，而设计不过是一个导引而已"（Mokyr，2002）。在此之后，Baldwin（2005）也表示了对 Simon 的质疑，她认为 Simon 的理论表述过于宏观，在具体应用中障碍重重，这是直接导致"科学的设计方法无法形成'设计科学'理论体系"的原因所在。

Simon 试图用一种严谨的意识形态去表述设计的职能，通过"系统"和"层级"等抽象概念将其普适至所有类别的设计行为。不可否认，"形式转化"理论的确使得对于设计职能的认识上升到新的层面，但却在具体的设计应用中遭遇了巨大阻力，原因就在于设计在此时成为一种单纯的"中介"，工作目标对于设计工作者而言既不清晰，也不具备感染力。另一方面，设计的实施不仅要面对方法上的困难，更要面对比 Simon 的设想更加复杂的具体设计过程。此外，要将各种类型的设计进行整合使之产生具有唯一性的价值并不是一件易事，这在很大程度上与设计者秉持的设计观念有关。

2.1.2.2 Clayton Christensen

在 Simon（1981）以后，经济领域对设计职能的研究进展一直有限，突破性的观点也比较罕见，这与社会经济形态的进程有一定关系。Simon 借由关注人造物（*artificial*）系统关注设计，应该算作一个超前性的特例。沉默性的局面在 20 世纪 90 年代被打破，随着社会经济形态的变迁，经济领域对于"创新"问题的关注史无前例地大幅度增加，这给设计及其职能的研究营造了一个有利背景。

Christensen（1995）从企业资产（*assets*）视角，将企业的"创新资产"

归纳为四类，分别包括："科学创新资产""过程创新资产""产品应用创新资产"（又分为技术应用资产和功能应用资产）和"美学资产"，不同类型产品的创新资产配置有所区别，而设计可以被视作"产品应用创新资产"和"美学资产"两方面的融合，其职能将主要在复杂系统产品、消费品和元器件产品创新领域中发挥作用。Christensen 认为设计"并不创造新的技术，但会将技术进行新的组合"，并且，"美学是一个过去被忽略的创新维度，这一维度和消费者的行为习惯密切相关，并且有相当一部分产品的创新性主要就体现在美学设计方面"。这种描述显然是经济意识加工后的逻辑产物。Christensen 从资产角度看待设计的观念颇具建设性，却也带有显著的经济思维特征，以至于大多数设计者对其观点知之甚少。

2.1.2.3 Carliss Baldwin and Kim Clark

Baldwin & Clark（2000）的著作 *Design Rules: The Power of Modularity*（2000）对于设计职能的研究较为深入。两位学者没有延续 Christensen（1995）的思路，而是对 Simon（1981）的观点有所继承并加以深化。"设计可以被视作'知识'与'经济行为'之间的中介，为了创造或制造复杂的产品或服务，一般的'陈述性知识'（*propositional knowledge*）必须向'规范性知识'（*prescriptive knowledge*）进行转化"，这是其理论的一个支撑，也是对 Simon 观点在知识经济时代的一个延伸。

从两位学者的核心意见来看，一个完整的"设计成果"实则是产品的"信息载体"（*information shadow*），设计的职能是对事物赋予概念。在以往，绝大多数的物品在生产过程中没有预先进行设计的独立过程，而随着产品市场由生产规则主导逐渐变化为用户需求主导之后，设计工作对于经济的重要性就凸现出来，没有多少用户会选择毫无信息熟悉度的产品。

Baldwin & Clark 的观点继承了 Simon 的"形式转化"概念，只不过将这种转化聚焦到产品的信息层面，相比 Simon 的庞大系统显得更加明确有效。从这一观点出发，设计能够进一步使原本彼此间没有关联的知识与技术通过设计的信息赋予职能联系起来，从而共同开发创新性的产品。从原理层面来看，"信息载体"效用的发挥实则是人的"心理共鸣"过程，即"价值"产生的社会性原理。

2.1.2.4　James Utterback

Utterback（2006）融合了上述经济领域学者的观点，在借鉴 Verganti（2003，2007）的基础上，将设计职能概括为创造"产品语言"（*product language*）。这是一个在经济与设计逻辑基础上综合而成的定义，其含义也简洁明了——作为产品，不仅需要具有功能性，还需要具有社会性，两者的综合就是设计的职能。Utterback 进一步提出"设计经典"（*design classic*）的概念对此加以诠释，认为一种产品语言的生命周期将十分持久，这也是设计在企业中的重要性所在（见图 2.2）。虽然有

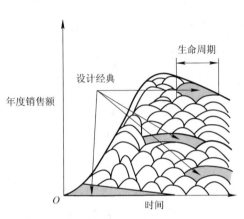

图 2.2　"设计经典"模型

（信息来源：Utterback J M. Design-inspired Innovation. New Jersey: World Scientific Publishing Company，2006．作者译图）

相似的社会性要素，但相比较于"产品意义"，"产品语言"的提法则更加严谨，因而在学术领域的认可度也更高。

2.2　工业设计的概念、职能与价值结构

2.2.1　工业设计的概念变迁

设计职能的认知演进正在逐步趋向清晰——不论载体如何，从逻辑层面看，设计的职能及其价值都趋向一个"二元结构"，这构成了我们

对其进行研究的一个逻辑基础。工业设计在对一般意义上的设计职能给予继承的同时，也由于"工业"这一限定逐步形成了自身特征，这些特征与工业化机制密切相关。

工业化源于社会分工的深化和产业结构推演过程中的比例关系（Salvatore，2005），其特点可以概括为技术的突出变化、层级经济结构的变化、生产组织的变化、经济制度的变化以及文化的变化等五个主要方面（Gupta，2002），但其根本仍是分工细化所致。当前，经济全球化延伸、科技突破性进步、需求爆炸性增长、环境约束性危机等等，都无疑要求平衡性产业的出现和介入，进而给人类重新带来生存保障及可持续发展的契机。工业设计正是在这样的背景下建立了自身得以拓展形成产业的社会语境。

"工业设计"的概念提出始于美国艺术家 Joseph Sinell（1919），通过 Norman Bel Geddes（1927）开办的纽约工业设计事务所（1927）及其设计作品（见图 2.3），以及其后来的 *Horizons*（地平线）一书得以为人所知。过去的几十年间，大量工业设计制品的成功使得这一专业性概念的社会影响力得到很大拓展。

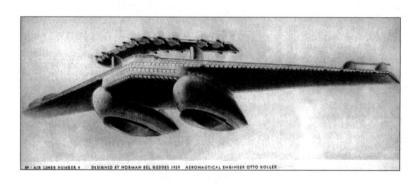

图 2.3　Norman Bel Geddes 对工业设计在飞行器领域的应用
（信息来源：通过互联网等信息检索工具获得）

很多学者对 Joseph Sinell 的概念进行了专业性的补充和修订。第二次世界大战以后，随着各国经济重建工作的展开，工业设计的概念在应用中得到了很大完善。Mercer（1947）从工业设计师的视角给出了一个简单解释："工业设计师是具有视觉诉求的技术专家，他受聘于制造商仅仅为了一个目的：增加对消费者的吸引力，增加产品市场的需求"。Heskett（1980）则认为 Mercer 的阐述过于随意，在逻辑层面远不仅如此："工业设计是一个创造、发明和确定的过程，它与生产方式相分离，是所有因素的最终综合，它往往将相矛盾的因素转化为三维形式的概念，并且它的实物能够通过机械方式进行生产"。Bayley（1982）则对以上总结道："工业设计是人们在决定大规模生产产品的外形过程中，艺术与工业的结合"。

由于工业设计是一类强调应用性的工作，机构性的定义及其变迁也是一个重要的考察维度，在一定程度上有助于价值的分析与产业视角的研究。国际工业设计联合会（International Council of Societies of Industrial Design）分别在 1970 年、1980 年与 2006 年三次对工业设计进行了概念性的描述，"物品适应特质"（1970）、"新的物品品质与规格"（1980）、"多向度的品质、过程、服务和整个生命周期系统"（2006）依次是其中的逻辑中心。就其看来，工业设计的工作对象在这一认知变迁中快速扩大，从最初的创造"产品差异""产品规则"之后，已然扩大至"产品（生态）系统"的范畴，但这一趋向宽泛的概念变化在有效增强工业设计的社会应用方面目前看来还显得颇为吃力。一些国家的相关机构对此也提出了质疑，美国工业设计师协会（Industrial Designers Society of America）在 2009年曾聚焦性地将工业设计描述为"一种创造及发展产品新观念和新规范标准的行业，借以改善外观和功能，以增加该产品或系统的价值，使生产者与使用者均受其利"。英国设计委员会（Design Council of United Kingdom）（2005）、韩国设计振兴院（Korean Institute of Design Promotion）（2008）都曾对国际工业设计联合会的概念有过修订，但需要指出的是，这种修订的局部针对性与其本国的工业经济形态有着重要关联。

我国对于工业设计的独立意见形成于"十一五"与"十二五"规划的交接时期。在工业和信息化部拟定的《关于促进工业设计发展的若干指导意见》（工信部联产业〔2010〕390 号）中，工业设计被描述为"以工业产品为主要对象，综合运用科技成果和工学、美学、心理学、经济学等知识，对产品的功能、结构、形态及包装等进行整合优化的创新活动"。该意见进一步认为，工业设计在我国已初步形成产业，该产业是生产性服务业的重要组成部分。

相比较其他的机构性意见，我国工业和信息化部对于工业设计的描述有两点突破：一是将工业设计的工作过程明确为一种整合优化的创新活动；二是将其业态性质定位为"生产性服务业"，并将其纳入产业范畴。尽管如此，从指导实践的角度来说，这一定义对于工业设计基本成果形式的描述仍有待补充，这将成为本次讨论和完善的一个重点。

2.2.2　与工业设计职能有关的模型回顾

过去的几十年，很多学者在工业设计职能方面的研究都借鉴了 Alexander（1964）和 Simon（1981）的意见，并在此基础上给予了一定改进和创新。Eppinger（1991，1995）在产品开发的流程性管理中对工业设计的适应性职能进行了验证，并通过"设计结构矩阵"（*Design Structure Matrix*）模型将其调整为"选择性系统"；Vogel & Cagan（2001）在考察与实证了若干突破性产品的案例后，将工业设计在产品体系中的突出贡献以"设计右上角"（*Design the Upper Right Coner*）模型进行了总结（见图2.4）；Verganti（2007）继承与融合了 Papanek（1985）与 Utterback（2006）的观点，针对苹果等公司的优秀产品进行了回顾，将工业设计的职能通过"设计语意"（*Design Meaning Axis*）模型进行了迄今为止响应程度最为广泛的总结。

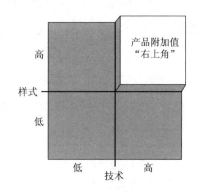

图 2.4　代表工业产品附加值的设计右上角模型

（信息来源：Vogel C M, Cagan J. Creating Breakthrough Products. New Jersey: FT Press, 2001. 作者译图）

2.2.3　工业设计的价值结构

上述职能性研究将工业设计的价值引向一个二元结构 —— 即"工业生产与社会文化的融合"。通过研究可以进一步明确，工业设计通过创造"工业生产的社会性传达结构"来实现自身的特有职能，它的成果价值在一定程度上可以被视作工业生产与社会文化之间的"逻辑性同构（*isomorphism*）"。这一过程使得设计活动的目标能够独立出来，用以搭建生产与文化之间的桥梁（见图 2.5）。

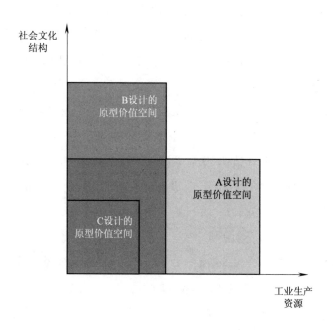

图 2.5　工业设计的价值结构示意图

如果不考虑企业战略、地区政策等复杂性因素，作为工业设计活动的两端，设计者主体和消费者客体将使设计的价值得以单次实现。从设计者主体看，工业设计的执行过程源于将社会文化体系在不同程度上融入工业生产机制得以实施；而就消费与使用者而言，在实用性与文化性诉求的平衡过程中间审视产品也是普遍性的事实。可以说，以技术、流程、方法等要素等为特征的工业生产和以精神性活动为代表的人类文化体系之间的矛盾促使工业设计不断推新求变，在不同时期力图构筑两者的契合点。工业设计的价值含量[①]与这种"将文化体系融入生产机制的效率"息息相关。

蒸汽机的出现标志着工业化的开端，而真正反映工业时代标准化特性的事件是 19 世纪末"生产线"的引入（Kiely，2007），标准化生产体系使得工业时代有了自身的灵魂，也确立了工业生产的"线性"与"流程性"特征。另一方面，作为精神层面的生产过程，文化形态的发生却从不依据线性的逻辑进行，而是相对复杂甚至在很多时刻趋于混沌的过程（Scott，2007）。为平衡两者之间的落差，进而使工业生产有机地融入社会生活，工业设计随之产生并在文化多元化的社会中更加趋于重要。享有盛名的美国工业设计师 Raymond Loewy 在谈到工业设计的职能时曾提及一句精妙的表述："工业设计用于缓解客户本已是复杂难耐的生活"（Loewy，1962）。不少颇有建树的设计师，如 Le Corbusier、Mies van der Rohe 等在内，对于自身工作目标的见解与之类似。一个多世纪以来，工业设计始终在线性生产与复杂文化之间作业，致力于维系两者的和谐，并在此基础上不断创新。

在工业化时代中，产品是工业设计价值的直观载体，也包含其最终的客体形式。自工艺美术运动（*Art & Craft Movement*）和新艺术运动（*Art Nouveau*）短暂的手工艺回归后，工业设计的台幕正式拉开。无论是现代主义（*Modernism*）运动中冷峻沉稳的几何建筑，抑或是流线型（*Streamlining*）风格中热情夸张的飞翼汽车，也包括今天寻求精神宁静的无印良品（MUJI），这些多样化的"工业设计产品"在原型层面均是工业生产机制与社会文化体系进行"逻辑同构"之后的"界面"（见图 2.6），是工业设计价值在不同层面上的客体化，用以传递不同时空语境下的新平衡。

---

① 有关"价值"这一概念的界定，在不同领域有较大差异。Karl Marx（卡尔·马克思）在其《资本论》第一卷中曾将"价值"论述为"凝结在商品中无差别的人类劳动"。他进一步在随后的章节中补充到："比社会平均劳动较高级较复杂的劳动（指脑力为主的劳动），是这样一种劳动力的表现，这种劳动力比普通劳动力需要较高的教育费用，它的生产要花费较多的劳动时间，因此具有较高的价值"。本研究中涉及的价值意指上述人类劳动的范畴。此外，工业设计因其整合、调配与创新的行为过程，价值类型侧重于 Marx 所谈及的复杂性劳动。

图 2.6　流线型风格的汽车设计

（信息来源：通过互联网等信息检索工具获得）

2.3　工业设计产业的内涵、本质与特性

2.3.1　与工业设计有关的产业类型

不可否认，对于一种新生经济群落的概念性描述总是困难的，特别是当其源于社会、文化的范畴（Noblet，2008），工业设计产业应算是一个典型。迄今为止，对于"工业设计产业"的内涵进行完整描述的文件或文献几乎无从谈起，大部分学者或作者在遇到此问题时普遍选择了回避态度，只是取其在人们心中模糊的潜在认识，提法也显得比较笼统随意。从我国的情况看，自工业和信息化部的指导意见发布与实施以来，讨论工业设计的政策文件、学术文献，以及相关的理论材料数量剧增，但其中有关工业设计业态的表述却十分混乱，对于"专业""行业""产业""事业"等概念多有提及，却常不加区别，滥用现象比较普遍。

当前，工业设计产业还被太多的相关概念包裹，这同样是一个事实。在产业规模业已十分可观的情况下，对"工业设计产业"系统性、逻辑性、结构性认识的需要开始变得迫切。如果欠缺规范性的理解，政策的促进就难以有效到位。我们将在对比分析产业实质的基础上，评述已有的理论观点，同时对相似性的概念予以阐述，进而提出工业设计产业的基本内涵。

2.3.1.1　产业的实质

就理论角度而言，"产业"作为基本的经济单位，既不属于宏观经济范畴的国民经济，也不属于微观经济所指的个体企业经营活动或居民消费行为。"它介于宏观经济与微观经济之间，属于中观经济范畴"（苏东水，2005）。

一般认为，产业是指具有某种同类或类似属性的企业经济活动的集合。但在具体内涵上也有一定出入。Stephen Martin（2001）曾指出："凡是具有投入产出活动的企业和部门都可以列入产业的范畴"。范金（2004）谈到："产业是能够带来附加值（增加值）的经济领域的总称。有时专指工业，有时泛指一切生产物质产品和提供劳务活动的集合体"。杨欢进（2005）表示："产业即是一群特定运作模式下的事业体之结合，该群事业体以特定机制协力合作、创造及分享利润，并以满足末端消费者为最终目的"。总之，产业是社会分工的产物。从一般意义上而言，具有投入产出活动的企业或部门群体都可以纳入产业的范畴。可见，在判定一类经济活动是否具有产业属性方面，对于产出成果的描述十分重要。

此外，产业的存在建立在产业演进与结构之上，这是构成产业的时间基础与空间基础，可以视为产业的成长过程。该过程既表现为"纵向运动"，即产业随时间推移所发生的演变，包括生成、壮大、成熟和衰退等一系列周期性变化"；也表现为"横向运动"，即产业随空间的扩张而发生的演变，包括区域的扩散、转移和进退的过程，主要是指产业整体规模的扩大和区域分布的延伸等。由此可见，仅对成熟产业或充分产业予以产业属性是不全面的。并且，产品的形态在产业的成长过程中也并非一成不变，包括原型与呈现形式等内容均有可能不断进化。

工业设计活动产生至今，虽已经历半个多世纪的职业化历程，但其工作成果在各类工业产品或企业活动中以载体形式存在，为业态性质的界定带来了较大难度。自中国工业和信息化部出台《关于促进工业设计发展的若干指导意见》以来，在剧增的各类政策文件、学术文献以及相关研究性或社会性材料中，对工业设计的业态表述还十分含混。这在一定程度上体现出国内工业设计领域在高速发展的同时，逻辑理论体系还很不完善，特别是对工业设计活动基础产出成果的认识还不清晰。

就产业实质来说，判定工业设计活动是否具备产业属性的核心在于是否具备"批量化的产品""关联性的企业经济活动"以及"所处的演进成长阶段"如何。从价值结构和当前的社会经营载体看，工业设计的产业属性及要素规模已有初步积累，其产出和产品与许多知识经济下的产业一样，属于无形范畴。可以认为，工业设计产业是工业设计事业在经济层面的活动集合，是工业设计行业体系在市场、政策等领域的延伸，包含由价值生产、流通到最终实现的多个环节。

2.3.1.2 文化产业、创意产业与文化创意产业

中国国家统计局在 2012 年 7 月公布了最新修改的《文化及相关产业分类》，其中将工业设计划入文化产业范畴，而在英国的标准产业分类中，则将工业设计纳入"创意产业"体系当中，类似的情况在其他国家也比较常见。此外，文化产业、创意产业、文化创意产业等概念自身亦是长期存在争议的内容，工业设计的二元价值结构使之其与其均有交集。

文化产业（*Culture Industries*）提出的时间较早，来源于 20 世纪中叶法兰克福学派提出但却意在加以批判的文化工业（*Cultural Industry*）概念，是指"生产领域中广为人知的商品逻辑和工具理性"。20 世纪 80 年代，日本学者日下公人（1987）从经济学理论出发，首次提出文化产业的定义，即"文化产业的目的就是创造一种文化符号，然后销售这种文化和文化符号"。联合国教科文组织也选用了文化产业的称谓，将其定义为"按照工业标准生产、再生产、储存以及分配文化产品和服务的一系列活动"。花建（2003）较系统地描述了文化产业的内涵，即"以生产和经营文化产品和文化服务为主要业务，以创造利润为核心，以文

化企业为骨干，以文化价值转变为商业价值的协作关系为纽带，所组成的社会生产的基本组织结构"。20 世纪末，随着消费结构的逐步改变，创意产业（*Creative Industries*）的概念开始兴起。1997 年，英国 Tony Blair 政府将新工党文件中一直沿用的"文化产业"概念变更为"创意产业"。Hawkins（2006）被广泛推崇的定义将创意产业描述为"产品均在知识产权法的保护范围内的经济部门"，Scott（2007）也提出了相类似的意见。此后，为了寻求认知上的统一，"文化创意产业（*Cultural and Creative Industries*）"综合性概念也被一些学者提及。总体来看，上述三者的内涵主要在于程度与阶段的差别，因此我们在之后涉及此类内容时，将统一采取"文化创意产业"这一提法。

工业设计的二元价值结构涉及文化范畴，因此其产业化形态与文化创意产业有一定交叉，但产业化的机理是有所区别的。文化创意产业强调创意产品自身的线性增值过程，而工业设计产业则强调文化对生产资源的引导与整合创新过程，从原理上看，工业设计的价值具有文化创意的内容，但其秉持的适应性、系统性原则，又与文化创意产业的创造主体性有所区别，国内在工信系统与文化系统之间对于工业设计的统计性冲突也说明了这一点。

2.3.1.3 生产性服务业

生产性服务业是面向生产实现过程、具有专业性和高知识含量的中间需求性服务业态。20 世纪 80 年代以来，发达国家生产性服务业高速增长，不少服务类型已成为国民经济的支柱产业，其在经济发展中的重要性引起了国内外学者的普遍关注，Carlson（1980）则最先提出了生产性服务业的基本概念。我国在 2010 年的政府工作报告中曾将工业设计纳入"十二五"时期需要重点扶持的七大生产性服务业之一，在工业和信息化部随后出台的《指导意见》中，工业设计同样被纳入生产性服务业范畴。

另一方面，中国国家统计局在 2012 年最新修订的文化产业分类目录中，将工业设计作为文化服务的子项纳入统计，专业代码为 7491，这与工业和信息化部的观点存在着较大出入，可见在行业性质上，我国政府显然还未对此达成一致。从价值结构上看，工业设计虽然主要应用于制造业，但相比较金融、物流等传统的生产性服务业，在终端受众方面又有显著区别。由此，我们结合工业设计的二元价值结构可以初步认为，工业设计产业兼具生产性服务业与文化创意产业的性质。

2.3.2　工业设计产业的溯源

Joseph Pine Ⅱ（2002）曾将工业化社会的经济形态划分为"释放商品"（*extract commodities*）"制作用品"（*make goods*）"递送服务"（*deliver services*）和"设置体验"（*stage experiences*）等四个阶段。由于工业设计与一般设计活动的思维一致性，因而其职能同样体现于人对客体事物的"转化"过程中（Simon，1981）。由此，我们的分析将这种"转化性成果"置于更加广义的"产品"概念（包括"物品"与"服务"），则以"必需品经济""用品经济""商品经济"和"服务与体验品经济"为轴线的产品经济进程将使这种转化过程中的原材料、技术手段、表现方式和接纳路径都有阶段性、大幅度的提升，这一提升的核心并非在于产品类别、种群和规模的扩大，而是在于产品自身对于受众"引导性"的增强，工业设计的价值在意识层面也可以归结为这种引导性的强化（见图 2.7）。

图 2.7　产品经济的变化

可以认为，产品引导性不断提升所导致的产品原型结构变迁是工业设计产业诞生的首要原因。

在有关设计活动的认知演进中，不断有观点指向上述产品引导性内涵的变化以及产品经济进程的变迁，Papanek（1985）所表达的"意义性秩序"（*Meaningful Order*）以及 Verganti（2007）所阐述的"面向产品意义的创新"（*Innovation to Meaning*）无疑是这一观点的前奏，这些认知将工业设计推向具备标准化单元与体系化生产的产业范畴。

另一方面，随着社会演进中"文化性消费"在产品消费比重中的增加，原有以"使用"为中心的消费观念逐步被更加多元化的文化驱动型消费模式所代替，这同样是文化创意产业得以实现爆炸性发展的原因所在。部分学者将工业设计活动归入文化创意产业当中的"生产型文化创意产业"类别（见图 2.8），以区别典型的"消费型文化创意产业"，如果抛开逻辑是非的评述，则从另一个应用侧面体现出文化性消费在当今的包容态势与发展速率。

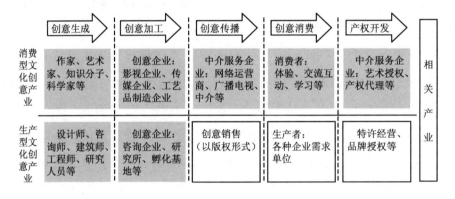

图 2.8　部分学者提出的"生产型文化创意产业"概念

（信息来源：韩顺法. 文化创意产业对国民经济发展的影响及实证研究[D].

南京：南京航空航天大学经济与管理学院，2010.）

根据联合国《国民经济核算统计年鉴》和世界银行《世界发展指标》的样本数据，人均 GDP 在 1000 美元与 3000 美元是消费结构转变的拐点。随着人均收入的提高，居民用于吃、穿等生存性消费的比重明显下降；而用于差异化服务、文化娱乐等享受性、情感性消费的比重则显著上升。从 Maslow（1968）的"需求层次模型"（*Hierarchy of Needs*）来看，这种变化自然不难理解，反倒是与"尊重""自我实现"等内容相关的"个体价值化"需求几乎难以通过传统的工业或商业生产逻辑加以满足值得关注，这进一步体现出文化性消费比重增加对于工业化生产所带来的不确定性，从而也从需求层面促进了工业设计的产业化进程。

2.3.3　工业设计产业的概念

根据工业设计的价值结构及其与相关产业的联系，加之对其溯源的分析，我们已基本可以对工业设计产业的概念描述如下：

工业设计产业是指参与工业设计价值生产、流通与最终实现的企业经济活动的集合。工业设计产业是工业设计事业的经济化形态，是工业设计行业体系在市场和政策领域的延伸。

从原理上看，工业设计产业是社会文化体系引导工业生产机制进行创新的全过程，是工业生产资源的文化性结构，是将企业生产性资源引入社会结构的过程，是社会经济形态变迁、文化消费增加、产品引导性日益增强的产物，具有完整的创意搭建、价值生产、分配流通和终端消费等标准化产业流程。工业设计产业的一般性产出是企业生产性资源的社会性传达界面，与工程技术共同构成广义产品经济的两大支撑。

从性质上看，工业设计产业是文化创意产业与生产性服务业的综合。在一定程度上可以认为：文化创意产业与生产性服务业代表了工业设计产业在应用方面所侧重的两个阶段，生产性服务业侧重于初级阶段，文化创意产业侧重于高级阶段。工业设计产业的成长基于"消费选择"，而不是"生产选择"，因此是中级或高级市场经济下的产物，是典型的知识密集型、智力密集型和资金密集型产业。分析中国工业设计产业发展的相关问题，应以生产性服务业的初级阶段作为主要视角。

从产业演进上看，工业设计产业通过设计价值的商品化过程与贡献的社会化过程加以实现，在基础层面上包括"规模"与"市场"两类演进过程。工业设计价值的规模演进过程，是指市场机制作用下的工业设计类产品、服务或其活动在规模上从无规模到充分规模，以及从较小规模到较大规模的发展过程；工业设计价值的市场演进过程，是指市场机制对其中的工业设计类产品、服务或其活动从不发挥作用到充分发挥作用的过程，以及从较低程度发挥作用到较高程度发挥作用的过程。规模不足或市场机制不够健全均难以保障工业设计产业的良性发展。

从产业构成上看，广义的工业设计产业是指为一切工业化生产活动创造与实现设计价值的经济领域的总称，在产业链的纵向关联上由价值的生产扩大到流通、推广、消费、回收等环节；在横向关联上则以工业类产品设计为核心、延伸到服务系统设计、信息设计、展示设计、装饰设计等相关行业，其本质是运用工业设计的观念、原理、方法去创造相应的经济价值与社会价值，侧重于文化层面的创新。狭义的工业设计产业则主要是指为工业类产品提供和创造设计价值的经济领域的总称，具体包括产品样式设计、功能开发、原型制作、品牌塑造、商业模式规划等相关内容，侧重生产角度的创新。

2.3.4　工业设计产业的特性

工业设计产业以系统观念为导向，以整合创新为手段，以创造生产性资源的文化性传达结构为载体，是一种"价值创造型产业"，而有别于传统的"资源创造型产业"，具有知识经济的显著特征。伴随着文化消费结构比重的日益增加，以工业设计产业为代表的"设计经济"将逐步从传统生产制造体系与产品经济中独立出来，实施一类以文化价值为导向的产品创造，从而实现了工业产品"增值结构的创新"，因此在产业结构的升级中扮演着重要角色。

2.4　工业设计产业的主体职能

2.4.1　产品维度的职能

就价值体系而言，工业设计创造工业生产与社会文化的融合，因而其产业在产品维度上将搭建工业产品的文化传达结构，这一以引导性、系统性为核心的价值结构潜藏在一切工业产品的底层，所构成的"设计经济形态（*design economies*）"还尚未从广义的产品经济（*product economies*）中分离。

与市场和技术的逻辑不同，工业设计重点关注产品与用户之间的联系，形成两者之间的"主体间性"。工业设计创新机制的构建，目的就是为了将这种联系确立、稳定、提升并促进其发展。从这一视角入手，可以分别以四个基本层面认识工业设计基于生产与文化的二元价值结构，它们分别是：样式结构、功能结构、原型结构以及产品服务系统结构。其中，样式结构使得产品形态与用户的直观感受发生联系，功能结构使得产品介入至用户的使用方式，原型结构为用户提供了从全新角度解决问题的途径，而产品服务系统结构则使单一产品发展成为产品生态网络，从而带给用户全新的使用与生活体验（见图 2.9）。

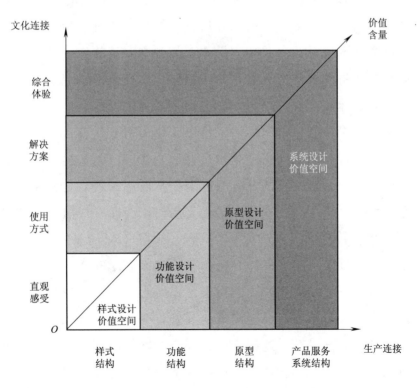

图 2.9　工业设计产业的价值创造层次

2.4.2 企业维度的职能

2.4.2.1 产品差异化职能

工业设计对于企业而言的直观作用在于创造产品差异。产品同质化是任何工业制造类企业在市场稳定期所面对的普遍性问题，加之伴随着社会经济模式变迁，个体化需求逐步取代生产规则而重新定义消费市场，使得这一职能得到进一步的发挥。在差异化类型的创造上，基于工业设计的价值结构则可以进一步划分为样式差异、功能差异、原型差异与体验差异等类别。

2.4.2.2 资源价值化职能

工业设计通过使工业生产融入文化特性从而引发消费者的情感共鸣，这是其创造产品附加值的原理所在。这种原理进一步意味着，工业设计产业能够通过对技术、知识、资源等生产要素的综合调控，推动相应产业结构和生产机制的完善，从而以较少的投入降低企业品牌塑造的成本。工业设计在企业生产中，对产品附加值的创造突出体现在行业技术、标准等秩序相对稳定之后：依靠以文化为引导的整合、集成创新，工业设计能够带动企业自主创新水平在稳定秩序上的新提升，并以此进一步引导新技术、新工艺的开发与应用，从而不断提高企业及其产品的市场竞争力。由于这一过程可以借由采用与整合现有成熟技术实现，因而在相对意义上投资少、周期短、风险小。据日本对于国内制造领先企业的相关调查显示，在开发差异化产品、国际名牌产品、提高附加值和市场占有率等方面，工业设计的作用占到70%以上。在消费市场达到一定成熟度以后，对于用户潜在需求的开发将变得更加重要，这一实则改变或创造"生活方式"的过程将牵扯到企业资源结构的调整、重组或再开发，是一个以"价值创造"为中心的资源整合过程。相比较传统的技术创新而言，工业设计产业在价值结构上的文化性构成将更有助于实现企业生产资源的价值化过程。

2.4.2.3 技术市场化职能

工业设计产业由于促使企业生产与社会文化发生关联，因而能够将企业的"技术语言"在认知层面转变为"产品语言"——即用户能够理解与使用的界面。上述使技术得以市场化的职能正是发达的市场经济中工业设计需求旺盛的原因所在。

例如，三星公司（Samsung Inc.）在韩国政府实施"设计振兴的三个五年计划（1993—2007）"之前，自身是一个以开发、研制电子存储芯片、液晶面板等元件见长的技术性企业，品牌影响力还十分有限，民用消费市场也不是其利润的主要组成。1993 年，在时任三星集团董事会主席李健熙的主持下，三星成立了数码设计中心，通过运用工业设计对自身技术优势的再造，三星得以在十余年间成功转型为品牌领导企业。在应用工业设计实现这一转型的过程中，前者的技术市场化职能使三星在保留自身技术优势的基础上得以将该优势运用到更高层面的市场竞争当中。与此同时，技术市场化职能也是工业设计产业实现企业品牌搭建的关键环节。

2.4.3 国民经济维度的职能

2.4.3.1 消费市场培育职能

"市场"在原理层面是人们生活方式在经济形态上的体现。工业设计产业通过文化驱动生产的创新，着眼于创造新的生活方式，关注消费者潜在需求的满足，有助于在国民经济层面实施对于新兴市场的培育。随着消费的日益多元化、个性化，市场在层次结构与类型上也将逐渐趋向复杂，工业设计产业将有助于加强对这种复杂性的引导与调控。

2.4.3.2　工业制造升级职能

从发展历程上看，工业设计活动的诞生本身即源于制造业危机。19世纪末，批量化生产方式代替传统手工业进而极大提升了社会生产的效率，促进了社会分工的全面细化。然而与之一并出现的产品质量粗劣、环境污染、资源浪费等问题使得制造业的发展陷入困境。工业设计在这一背景下应运而生，在20世纪中叶以后逐渐被各国所重视，在第二次世界大战之后的工业经济重建中进一步发展其对于制造业的修正、改进与创新职能。工业设计通过文化对生产的引导与再造，使得社会价值得以融入工业生产流程，随之带来的积累能够显著促进制造业企业在技术结构、资源结构、流程结构等内容上的调整与革新，进而实现以产品为载体的阶段性升级过程。

2.4.3.3　产业结构调整职能

工业设计产业创造工业生产资源的文化性传达结构，而工业生产资源是产业结构的成果载体，这在深层次上意味着：如果市场经济足够发达，则工业设计的资源组织规则将趋近于相应产品领域的产业标准。

在产业结构随着经济发展进入多元化时代以后，如何引导多元的产业结构实现更有效率的生产与创造是国民经济的重中之重。在生产规则主宰市场的情况下，产业结构的单一性尚能够满足市场的需要，工业设计产业在此时还处于较低级的生产化形态，其对于市场和企业的影响力还十分有限，因而也不易被决策者所重视。随着消费结构的变化导致的分工进一步细化与供求矛盾的加剧，产业结构的变革与新旧更替也随之来临，更重要的是，愈发朝向精神性需求升级的产业结构主旨已很难用技术的逻辑加以支配。工业设计产业将在这一演化过程中变得愈加重要（见图2.10）。

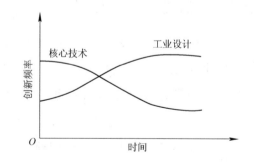

图 2.10　工业设计在产业演进中的作用变化

　　此外，从社会意义上来说，工业设计产业有助于实现产业领域的和谐发展。当前，快节奏和信息化导致的生产过剩、科技异化、消费盲从等问题致使社会领域与经济领域都面临着资源匮乏、生态失衡、重复投入等一系列发展困境。如此高昂的社会和经济演进成本极大地阻碍了文化与生产等多方面的有序进步。因此，如何在系统思维层面实现对资源的合理调配，从而增进社会与经济演进的效率，是多元化时代的一个重要议题，以引导性、系统性、适应性为诉求的工业设计产业无疑将分担这一社会责任。

2.5　本章结论

　　工业设计通过创造"工业生产的社会性传达结构"来实现自身的特有职能，拥有生产与文化的同构性二元价值结构，存在于一切工业产品物质性传达方式的底层，包裹于传统认知的"实体产品经济"中间，虽不可见但却对于工业生产资源发挥着重要的价值整合与文化引导职能，这也是工业设计产业在"无形产品经济层面"广泛存在的逻辑基础。

　　从内涵上来看，工业设计产业是指参与工业设计价值生产、流通与最终实现的企业经济活动的集合，是工业设计事业的经济化形态，是工业设计职业、行业体系在市场和政策等领域的延伸；从原理上看，工业设计产业是社会文化体系引导工业生产机制进行创新的全过程，是工业企业生产资源的文化性输出结构，是社会经济形态变迁、文化性消费比重增加、产品引导性日益增强的产物，具有完整的创意搭建、价值生产、流通分配与终端消费的产业流程。从产出上看，工业设计产业的一般性产出成果是企业生产性资源的社会性传达界面，与广义的工程技术共同构成传统产品经济的两大支撑。

　　随着时代的变迁和经济模式的升级，工业设计产业在产品领域、企业领域、国民经济领域的作用都将愈加明显。在现阶段，它的职能主要通过在产品领域的界面搭建职能，在企业领域的产品差异化职能、资源价值化职能和技术市场化职能，以及在国民经济领域的消费市场培育职能、工业制造升级职能与产业结构调整职能加以体现。

第3章 工业设计产业的全球演进体系

工业设计产业的全球演进已有百余年的历史，但由于其自身成果被产品经济包裹，主体意识尚不稳定，产业化进程在初期是十分缓慢的。从意识形态的角度看，工业设计的启蒙思想源于传统手工业，随后通过若干风格化运动逐步完成自身从传统手工业中的分离。从原理角度看，工业设计风格化的背后是社会生产力、资源、体制、结构等多方面的变革。就历史演进的角度而言，工业设计启蒙于18世纪60年代工业革命后的英国，成长于20世纪20年代的德国，发展于20世纪30年代后的美国，成熟于战后各国的重建，在全球化与服务经济格局中得到多元化发展。整个产业的变革在历史的流变中以不同层面悄然演进，这种层面分布与工业设计产业的不同价值载体有关。

本章将对工业设计产业的全球演进及其在中国的发展历程进行考察。如果从经典的理论体系出发，产业的演进应包括若干种结构性变化，但对于一个尚处于被产品经济包裹的二元价值结构而言，这种传统的认知与分析方法对于工业设计产业的描述而言显得不够直观。因此，我们将在传统产业演进理论的基础上运用价值载体视角对工业设计产业在全球和中国的演进进行回顾与评议，这包括了对生产意识、生产模式与生产秩序的研究，进而提炼出工业设计产业演进的一般逻辑，用以定位中国工业设计产业的发展阶段，并对其特性加以深入了解。

3.1 理论工具与考察方案

产业演进以时间逻辑为主线，以关联性企业的群体活动为基础。根据 Klepper（1996）的观点，在产业出现之初，进入企业的数量会在经历一段孕育期之后不断增加，生产者数量开始增长直至到达一个顶峰，而后产业虽然保持持续增长，但企业的发展已开始平稳并趋向多元化。相当一部分学者也有类似意见。

考察工业设计产业演进的历程，其专业发展史论将搭建一个对话语境，进而对其中类型性企业的活动规律加以分析，从中描绘出阶段性的产业发展原型。这将在一定程度上有别于流派与风格变迁的讨论，但又与此关系密切。纵览工业设计自诞生以来170余年的发展过程，螺旋性、阶段性的演进是一个显著特征。

3.2　全球工业设计产业演进概要与阶段性研究

工业设计的价值由于一直以来被多重载体包裹，因而其产业演进也是内含性的，我们可以通过设计者的意识形态、企业生产形态与国家政策形态三种载体对此予以考察，以上三者分别代表了工业设计产业的生产意识、生产模式与生产秩序。在此基础上，将能够梳理出工业设计产业化的阶段性进程。

从意识形态的演进看，工业设计产业在价值内涵的创造方面主要经历了"装饰性意识""功能性意识""商业性意识"与"社会性意识"四个主导意识时期。现代工业设计的思想原型来自传统手工业，继而通过若干风格化的运动完成自身从手工业中的脱离。

在 19 世纪后半叶，William Morris（1834—1896）、Victor Horta（1861—1947）、Henry van de Velde（1863—1957）等人先后通过工艺美术运动（*Art and Craft Movement*）、新艺术运动（*Art Nouveau*）等方式抵制不经艺术加工的工业制品，建立了装饰性意识的根基（见图3.1）。20 世纪 20 年代中期，艺术装饰运动（*Art Deco*）对这种手工艺意识的设计回归进行了短暂的继承和延伸，甚至连它们的传播载体——"世界博览会"与"巴黎国际现代工业装饰艺术展览会"，也颇为类似。包豪斯

（Bauhaus）学校以及之后的乌尔姆（Ulm）设计学院教育体系的崛起使得装饰性设计在产品结构中可有可无的局面得到改善。其崇尚理性、追求生活与科技的融合，以及期望解决大众化生产的民主观念使得其代表的功能性意识逐渐占据主流，以至于随后产生的现代主义及其备受争议的"形式追随功能（*Form Follows Function*）"的观念几乎成为设计的教条。随着社会的发展以及文化性消费相对于使用性比重的增加，功能性意识偏执的理性追求与单一的形式感逐渐成为个性化与多元化的障碍，商业性意识随消费型社会的出现而风靡一时。然而，接踵而来的、因市场与资本的逻辑而导致的能源浪费、空气污染、环境破坏等问题也开始出现在设计师的面前，工业设计进而在逐步关注物品的人文意义与环境的可持续问题上培育了自身的责任，社会性意识也开始随之占据主流。总的来看，设计者意识形态的演进是在社会进步的同时趋向复杂化与多元化的一个缩影。

图 3.1　第一届世界博览会所用的水晶宫

（信息来源：Gantz C. The Industrialization of Design: A History from the Steam Age to Today. Jefferson NC: McFarland, 2010.）

从企业生产形态的演进看，工业设计自进入商业化时代以来已逐步融入到企业生产流程之中，先后经历了"以应用为中心的企业设计模式""以服务为中心的职业设计模式"和"以综合体验为中心的协作设计模式"。20 世纪中叶以后，自由设计逐渐淡出主流，企业设计成为工业设计产业主导性的生产模式。此时，产品整体的设计往往是一个团队努力的结果，而非个体的成就。随着企业产品线的不断丰富，部分不涉及战略意图的产品或流程得以外包，职业设计逐渐成为工业设计产业新的业务和就业增长点。在以体验为核心的产品生态系统模式没有确立之前，上述两类形态代表了产业演进的主干。

3.2.1　以"促进工业设计职业化"为中心的阶段

以"促进工业设计职业化"为中心的阶段可以视作产业的"生产化阶段"，专业性需求主导了该阶段的工业设计产业发展。工业设计的技能性知识结构在这一阶段得以集中形成。生产化阶段强调设计与传统生产流程的紧密结合，而所谓的专业化、职业化发展无一例外是对生产的逻辑进行匹配，工业设计在文化一端的引导职能此时的发展空间还十分有限。由于工业生产体系自身在产品初期的封闭性，加之文化性消费市场还不成熟，使产品获得基本的形式感是这一时期工业设计的成果界面，其价值还被局限在一个较低的文化结构层次上。与此同时，这种"样式赋予"的工作实则难以产生合理的评价标准，文化等精神层面的需求受到生产规则和必需品、用品经济的抑制，因而产业也处于高度被整合的状态。

出于生产规则对市场的统治，工业设计工作尚未被大多数企业纳入成本构成，对其进行系统优化则无从谈起。虽然工业设计产业在此时呈现职业化形态，但有趣的是，对于企业来说，初级市场对于产品的高接纳度使得很多工业生产企业虽然对设计有固定性的需求，但却普遍没有自身的工业设计部门，工业设计工作被高度整合在工程、技术或市场等企业结构之中，"寄生"状态十分明显，这催生了外挂性职业设计公司的出现。就生产化阶段来看，职业性工业设计公司初期的高速增长在一定程度上源于企业大面积需要但又无足轻重的工业设计需求。

　　生产化阶段是工业设计产业的形成期，也是生产要素的集聚期。专业性技能与知识结构初步建立，工业设计教育通常在这一时期得到集中的进步（见图3.2）。产品差异化催生了工业制造企业对于设计的需求，职业的工业设计公司也随之广泛出现，两者初步建立了彼此间的分工协作体系，但这种分工结构尚没有层次可言，价值创造基于单一的表现层面，因而相互之间的关联性还十分脆弱，整个产业的发展前景并不明朗。产业中的企业均有可能朝着不同的路径演进，缺乏主流的标准。产业的特征在生产化阶段难以进行有效界定，这虽然导致了投资回报充斥着不确定性，但也孕育了产业蓬勃发展的前景与各方面的机遇。虽然工业设计的相关企业，特别是职业工业设计公司在生产化过程中有些得以存活，另外一些则不幸夭折或快速衰亡，但从产业的视角看，整个产业无疑处于稳定和持续的上升期。

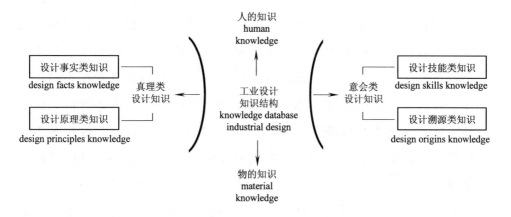

图 3.2　工业设计知识结构示意图

对于设计师而言，生产化阶段的工业设计产业通常要求工业设计师具有较高的生产适应能力与产品造型能力，对各种生产手段需要比较熟悉，能够根据生产规则的特点决定适合的资源搭配，并能有效地和工程师、技术人员进行沟通。这种熟悉生产和具有较高产品造型能力的工业设计师，是工业设计产业发展的最初力量。由于欠缺产业发展所依循的规律、标准以及技术能力与从业人员，从产业结构的角度看，工业设计教育机构通常在基础设施层面成为这一初始阶段的产业主体。

3.2.2 以"扩大工业设计行业规模"为中心的阶段

工业设计产业的规模化阶段，是以"扩大工业设计行业规模"为中心的阶段。在规模化阶段中，企业成长需求主导了工业设计产业的发展。工业设计的应用企业、服务企业与协作性企业集群在这一阶段有了数量上的飞跃，这种现象实际上也对应着消费结构的变化，而并非完全是行业规律或企业的自发性行为使然。

工业设计产业的规模化阶段强调设计与企业品牌以及市场营销活动的配合，目的主要是迎合文化性消费比重提升的需要。当制造业企业发展到一定程度后，品牌化的产品将取代技术支配的逻辑，成为企业拉动下一个规模性成长的必须，其经营活动的重心将逐步转移到市场和用户对于自身品牌体系、产品识别等方面的认同，而背后是企业在不同成长阶段战略调整方面的变化。由于工业设计具备提升产品附加价值、刻画产品象征意义等文化性职能，因此，企业对品牌化的诉求阶段将是工业设计产业真正得以健康、蓬勃发展的首个阶段（见图 3.3）。缺少优良的工业设计，就难以输出优质的产品，更不存在突破性的产品，整合营销也无切实的落脚点。整个工业设计产业的投入和产出情况已然发生了明显的变化。

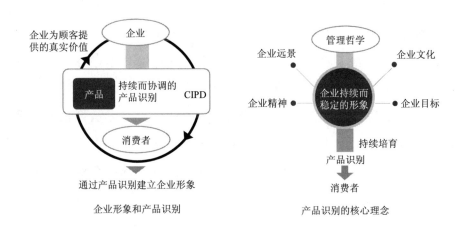

图 3.3　韩国 LG 公司应用工业设计为产品识别与企业品牌服务（20 世纪 90 年代）

（信息来源：通过 LG 公司报告材料获得）

　　由于社会经济形态与民众消费结构的变迁，生产规则对于市场的支配性开始下降。消费者不仅能够选择自身的实用性需要，还可以照顾到心理方面的需求，这是任何一类消费形态演化的必然。工业设计工作在此时已被一些品牌型、战略型企业纳入成本投资的范畴，并且组建了相关的品牌事业部或设计研究事业部。职业工业设计公司在此时的角色开始产生层级上的微妙变化，部分职业工业设计公司已开始无法满足或触及企业对于工业设计富有战略含量或研究含量的需求，而由于企业战略与相关产品的研究性内容通常涉及企业机密，因此企业内部的独立工业设计部门开始普遍产生。职业工业设计公司的处境在此阶段虽然仍处于数量上的快速增长，但其自身的发展空间已开始受到制约，这往往是很多职业工业设计公司在此产业高速增长阶段业务量下降甚至死亡的关键所在。

　　工业设计产业的规模化发展对于自身的工作内容提出了新的要求。如上所述，第一个明显的改变是工业设计中研究含量的提升。在生产化阶段，工业设计对于传统生产流程的依附性比较明显，因此设计工作通常无需细致的调研，只需运用一般的形式技法，做出样式上的赋予或改良。然而随着企业寻求升级的市场对于自身品牌的认同，使得工业设计的文化价值比重有了明显提升：如何对企业的产品体系进行社会文化性的创新，使得产品在形式、功能、使用方式上都能够体现品牌内涵，是工业设计工作的新使命。另一方面，工业设计流程将无法再依靠一两个设计师独立完成，而进一步需要团队的协作。从产业的视角看，工业设计产业的规模化扩张源自制造业企业自身的演进需求，企业也无疑是规模化阶段的产业主体。

3.2.3　以"完善工业设计市场体系"为中心的阶段

以"完善工业设计商业市场"为中心的阶段可以视作工业设计产业发展的"市场化阶段"。在该阶段中，企业需求不再是主要的支配逻辑，社会的多元化也导致了市场的多元化，与此同时，由于商品同质化的问题剧增，以及技术创新不加节制所导致的科技异化，使得以和谐发展、可持续发展等为中心的社会发展需求开始影响到主流价值观与消费者的动机比重，绿色设计、可持续设计、生态设计、设计伦理等思想或产品载体的出现说明了这一点。从产业整体来看，在市场化时期，社会发展需求将逐渐改变企业成长需求主导工业设计产业发展的单一支配局面。

"多元化"是消费市场发展到中高级阶段的显著特征，生产规则对于市场的统治已然在多元化的变迁中偃旗息鼓。在强调个体价值化的时期，技术的影响力开始逐渐减弱，科技创新已无法像在初级阶段的市场中一样解决社会需求的每一个层面（见图3.4）。无论是绿色、生态、可持续等等社会性观念，根本上是对于人类本身在更高阶段理性的回归：即共生需要。工业设计产业在这一阶段得到质变的机遇。

图 3.4　科技创新的单向度逻辑已造成社会负担

（信息来源：通过互联网等信息检索工具获得）

对于企业来说，市场层级的提升是企业能否跨入以文化性诉求为特征的中高级市场体系的分水岭。此时，企业不仅需要满足自身的发展需求，还要应对社会的复杂价值体系，其产品环境也开始发生格局性的改变。一方面，由于文化价值观的多元，市场迫切需要具有自身特色的企业及其产品在风格和内涵上独树一帜，用"特征化求存"的方式为自身找到发展空间，但这种方向往往会令企业陷入狭窄的成长境地；另一方面，由于竞争的日趋积累，企业往往寻求群体发展，此时，领军企业将建立自身高压性的意识主导，用以统一群体发展思路，从而使生产领域形成围绕领军企业的"产品生态系统"，一些业务内容类似但处于系统之外的企业将难以独立支撑自身的经营，它们或成为相应生态系统的一部分，或寻求其他的发展领域及特征性的发展空间。工业设计通过文化与生态的协调使塑造新的生活方式成为可能，面对上述整体产业结构的变革，工业设计产业将在产品系统中进一步发展自身的整合创新特性。

工业设计产业市场体系的完善与消费结构的多元化直接相关，伴随着国民经济的持续增长与消费层次的变化，国家或地区的主导性消费模式也随之发生改变。必需品经济、用品经济此时已无法满足文化多元的需求，以品牌为代表的商品经济也因产业结构的特征性或系统性变迁而离开主流。服务经济、体验经济在经济结构中的比重将大幅增加（见图 3.5）。从产品来看，单一维度的功能已逐渐难以迎合用户在体验、社交、资讯共享等方面的文化性与社会性需要，新的生活方式需要在产品与情感的关联性等方面做出新的改变和提升,工业设计将承担这一工作,致力于提供新兴生活方式下适用的产品或产品体系。在市场化阶段中,社会发展的多元需求将主导工业设计产业的发展方向。

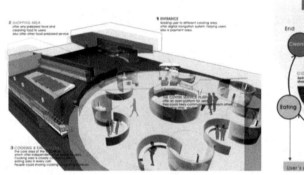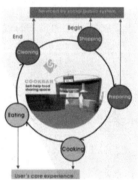

图 3.5　服务经济、体验经济的结构性增长

（信息来源：Guangzhong Liu, Ang Li, Xin Liu, Building the Rationality of Industrialized Innovation by Design）

3.2.4　以"形成工业设计国家战略"为中心的阶段

当文化性经济形态逐步占据国民经济的中心角色后，国家意识形态的介入将不可避免。一方面，任何产业都将对相应的国家资源加以调用，如生产性资源、劳动力资源等不同类别，因此，对于主导产业建立相应的国家规则和标准，在产业发展到一定阶段，特别是就业人数达到一定体量之后愈加必要；另一方面，在全球化经济模式成型以后，国家之间的竞争在根本上将以文化竞争为核心展开，文化的不可模仿性使得其具有持续的增长活力。工业设计产业由此将进入战略化发展

阶段，即以"形成工业设计国家战略"为中心的阶段。在战略化阶段中，国家发展需求将主导工业设计产业的发展方向。英国、德国、日本、韩国等国家的工业设计产业发展路径证明了这一点。

国家意识形态支配的工业设计产业与企业主导的工业设计产业有很大不同，在经济收益与社会效益上，战略性的工业设计产业无疑将实现更深层次的权衡。文化性经济形态主导下，工业设计产业无论作为文化创意产业的生产性补充或是以生产性服务业驱动传统制造业的升级等方面，都将吸纳相当规模的就业，与此同时带动国家资源的调整与国民经济在局部范围的重新分配，对于以制造业，特别是实体制造业作为经济主体的国家而言更是如此。

工业设计产业的战略化进程将是工业设计价值导入国民经济战略布局的阶段。作为一种战略性新兴产业，工业设计产业的意义在于把以社会文化体系形成的新兴市场与已有的技术型、资源型产业加以关联，使后者创造出适合中高级消费结构需要的工业产品，这也正是传统产业自身转型的切实诉求。在战略化阶段中，工业设计产业的工作内容在企业层面上仍是产品，而在国家层面上已是对产品相关产业结构的重新统筹与调整，新旧产业的更替将带来诸多需要解决的经济性、社会性矛盾，这是在工业设计产业的战略化进程中需要克服的主要障碍。

3.3　工业设计产业的国家演进路径比较

以国家意识形态为核心的产业演进与设计者的创意形态和企业的经营形态存在显著差异。从价值变化的角度看，代表生产秩序演进的国家形态已将工业设计产业的价值推向战略层面，其价值内涵已然不是纯粹的利润逻辑，而是在经济、社会等多方面问题上进行综合考量。产业结构和建设载体的变化将对此予以体现。

战后重建以来，发达国家政府虽然普遍重视工业设计的发展，但产业的演进在代表性国家中的路径是不同的，这在很大程度上源于战略定位上的差异（Heath，2000）。由于二三产业的比例变化，大部分发达国家将工业设计定位于服务业。此外，这些代表性国家普遍设有工业设计的社会性推进组织，但话语权却不尽相同。总体而言，英国、日本、德国、韩国对工业设计的建设十分重视，美国则相对有些松散。在民众的设计消费意识构成产业的拉动力等方面，重视度较高的国家也相对较好。

3.3.1　以英国为代表的文化创意驱动路径

英国的工业设计产业演进总体呈现文化创意经济驱动路径，从产业的价值结构看，这与其早期制造业等第二产业的大量迁出有重要联系。

从历史演进的历程看，英国是工业革命和设计风格化运动的发源地，但工业设计的发展却在工艺美术运动之后经历了较长的低潮期，意识形态也一度滞留在手工艺阶段。20世纪20年代，英国先后成立了"工业美术学会"和"设计与工业协会"，在一定程度上推进了工业设计的产业化进程。

1930年至1940年间，英国政府制定了初期的设计激励政策，使自身在工业设计和相关创意设计领域取得了较大进步。1944年，英国政府为了增加外贸产品在国际上的竞争力，成立了"英国工业设计委员会"（The Council of Industrial Design），负责主持工业设计产业的各项推进工作，这一政府直属机构的成立对于英国工业设计产业发展的意义重大，也在战后得到了德国、日本、韩国等国家的借鉴。

英国贸易和工业部主管工业发展和消费等事务的国务大臣在1982年制定了名为"设计支持计划"的产业推进政策。同年，时任英国首相撒切尔夫人主持了名为"产品设计与市场成功"的高级研讨班，政府的影响力在上述过程中进一步扩大。其中，设计顾问资助计划（FCS）和扶助设计计划（SED）作为为中小企业提供资金供其聘用设计顾问的扶持性政策，对于产业中的企业、市场与各级政府的发展关联上具有重要意义，在投融资市场尚不发达的情况下为工业设计产业中的相关企业部分承担了设计开发的成本与风险（汤重熹，2003）。上述计划也被纳入当时英国贸易和工业部的"企业支持体系"之中。

1851 年的第一届世界博览会使得发源于英国的工艺美术运动在工业设计的历史流变中占据了开端性的位置。1989 年，伦敦诞生的世界上第一座设计博物馆同样意义不凡。它的主要作用包括三点：①讲述英国的设计发展史，弘扬英国的设计文化。②展示优秀的设计创新产品，普及民众，特别是中青年、青少年的设计意识。③销售获奖的设计商品，提高消费者的品位，提倡文化性消费，而非单纯的使用性消费，这使得英国自 20 世纪末起一直引领文化领域的实践与理论前沿，使文化产业形成了每年 1125 亿英镑的收入，解决了约 130 万人的就业，并创造了 103 亿英镑的出口额贡献。工业设计产业在文化产业的浪潮之中得以加速成长。

1997 年，Tony Blair 首相上任后制定了设计奖励政策，并将此前新工党文件中一直使用的"文化产业"（*Culture Industries*）概念改为了"创意产业"（*Creative Industries*），并认为英国的创意产业对自身经济在新世纪的发展将变得非常重要。"企业需要能够通过产品和服务来体现英国引以为自豪的高度革新性、创造性和设计性，用来证明英国的实力"——这实际上是一个扬长避短的经济发展战略，而"创意产业"与"文化产业"这一对仅有程度差异的概念在此前的章节中已有过辨析与讨论，此处就不再赘述了。

Blair 政府在 2000 年组织了"新世纪英国产品展"活动，并如世界博览会一样将这些经由设计创意加工的产品在全世界进行巡回展出，用以宣传英国的设计文化，向全球范围输出英国工业设计产业的发展成果。2003 年在中国举办的"设计盛宴 —— 英国现代工业设计展"所展出的就是这些产品，而年度性的"伦敦设计节"（London Design Festival）也始于这一年。2003 年秋天，伦敦首次举办的"世界创作论坛"受到广泛关注，该论坛发起人兼会长 Jone Soller 曾表示："伦敦的多国文化和各种行业的交流非常发达，是吸引世界创造资源的磁场"。

从上述演进的历史中可以看出，英国以文化创意经济驱动的工业设计产业在战后随前者共同演进并逐步发展壮大，在商业收益、社会效益等方面都取得了不错的成绩，隶属于英国政府的工业设计委员会的促进工作也让人印象深刻。但作为英国本身的产业结构而言，采用文化创意作为驱动路径在一定程度上也实属无奈之举。

面对工业制造规模比重已过度萎缩的局面，英国政府实施以文化创意为突破口驱动国家经济发展是重新实现规模性领域就业的必然，工业设计因自身与文化的联系性在其中也得到了产业化的成长。通过案例考察不难发现，由于创意类设计普遍无法深度介入制造流程，因而英国工业设计产业的价值创造多集中在表现层面，输出形态看似琳琅满目，价值原型却比较单一。

当前，学术领域有部分学者认为英国工业设计的演进路径由政策驱动加以形成，然而从上述演进的机理以及工业设计的二元价值结构看，这一认知存在一定的片面性。对于英国工业设计产业的发展而言，政府的直接促进力度在权重上实则并不明显，其主要是依托文化创意经济促成了自身的演进与发展历程。

3.3.2 以美国为代表的市场驱动路径

因经济发展存在共同的逻辑要素，美国的工业设计产业演进与英国在相当一段时期都有着较大的相似性。但随着时间的推移，特别是在二战结束之后的国家重建时期进入分水岭，这其中的重要原因在于政府促进机构在英国出现并接管了国家工业设计产业发展的权杖，而美国虽然也曾出现工业设计师协会（Industrial Designers Society of America）等行业组织，但其职能和切入视角与政府在国家战略层面的推进模式差异明显。总体来说，美国的工业设计产业演进主要由自由商业市场进行驱动。

从发展阶段来看，美国工业设计产业的市场式演进经历过三次小高潮，分别包括消费废止制时期、包豪斯逃亡时期与今天的苹果等设计驱动型企业的崛起。其产业的壮大依赖市场，遵循了客观规律，但发展却由于持续性较差而几经停滞，这种现象无疑是源自设计与文化性消费市场的确立尚需一个从波动到平稳的过程。17 世纪上半叶，以英国人为主要群体的外来移民陆续来到北美之后随之而来的是文化与技术的多样性，其影响最终导致了 20 世纪设计及相关领域异常激烈的思想碰撞。也相应激发了工业设计风格的多元化。

美国工业设计的起源部分被认为是从 18 世纪下半叶沙克家族定居在美国开始 —— 这是一个由英国人和法国人所组成的宗教团体，而新教徒们很快开发出了基于手工设计的各类实用产品来满足自身的需求（Jeffrey，2005）。19 世纪下半段，美国已经经历了创造性智力资源的高产阶段，人机工程学的普遍应用为美国培育出持续到 20 世纪早期的实用性设计理念，而这时美国社会的消费结构已开始趋向分化。

一次世界大战的爆发极大地刺激了美国的工业生产，相应加速确立了设计流程的规范化，与此同时，广告、企业形象商标等促销手段开始被广泛使用，工业设计业随之成为促销的重要载体。1927 年至 1933 年间以美国为中心的全球性经济衰退反倒给了美国工业设计产业一个以迈入商业化快速发展的重要机遇。自从 Norman Bel Geddes 1927 年在美国创办第一家独立的设计事务所以来，各种有意识直接刺激消费的工业设计制品被大量生产并投入市场，工业设计产业的全球进程因美国商业设计的繁荣而走向了一个新的时期。新产品的诞生频率自此成为企业最基本的经济支撑原则，单纯地追求造型上的标新立异一度成为美国工业设计领域发展的主旋律（见图 3.6）。

图 3.6　迎合商业需求却无实质功能的汽车尾翼设计（美国，20 世纪中叶）

（信息来源：Gantz C. The Industrialization of Design: A History from the
Steam Age to Today. Jefferson NC: McFarland, 2010.）

　　第一批来到美国的欧洲设计师大多是建筑设计背景，不仅看重设计的程序与理性，而且十分强调设计所引发的社会效应，注重设计带给环境、人文等领域的深远影响；而在美国本土成长起来的设计师则更加强调设计的时效性及其带来的快速经济收益，对于社会及伦理等方面的思考相对比较欠缺。直至 20 世纪 70 年代石油危机的爆发，才迫使美国的设计行业开始反思作为设计者的社会责任。就历史发展进程而言，社会性意识的趋向主导也使得美国的商业性设计自此基本失去了全球工业设计产业在意识形态上的主导权。

　　20 世纪工业设计产业的规模化发展在很大程度上是由于机械化和自动化所给予的技术支撑。相对于传统的产品开发和设计观念主要源自反复的论证或实验，美国人则很快意识到快捷设计的市场潜力。"工作得越快，设计得越好"——工业设计师 Karim Rashid 的观点是对市场模式驱动下的美国工业设计产业非常好的诠释。

2007 年，美国《商业周刊》网站公布的年度世界最有价值品牌一百强排行榜显示，可口可乐以 65424 亿美元位居排行榜首位。可口可乐公司以"简约流线化"风格取得的设计成功源自 Raymond Loewy 设计追求与商业追求并重的基本理念。作为 20 世纪职业工业设计师的代表，Loewy 主张"设计促进营销"的直观思路，进而促成了工业设计与商业市场的联姻。"最美的曲线是销售上升的曲线"—— 这句贴切的描述精准地为美国工业设计产业的市场驱动路径划定了基调。

依靠市场需求的强势刺激和完善的金融体制保障，美国工业设计产业的演进虽然屡有起伏，但高潮期却也激动人心，以可口可乐、苹果为代表的企业依靠工业设计取得的商业成就颇有几分传奇色彩。从逻辑上看，市场模式驱动的主要问题无疑在于对特定消费方向的过度依赖，这容易使得设计充满对商业利益的迎合，却缺少符合自身价值内涵的有效引导，因而给产业的持续性发展带来了巨大隐患。此外，政策环境的缺失使得美国工业设计产业的战略发展体系无法构建，只能依赖民间组织进行产业推进，这种力量是十分有限的，也进一步造成企业成长和人才培养方面无法得到体制层面的有力保障。从这一点来说，美国工业设计院校专门针对特定领域设置工业设计教学结构也是一种市场模式导向下的必然选择。

3.3.3　以日本为代表的制造驱动路径

相比较英国、美国的稳定发展，日本在二战结束后，经济已经全面崩溃。作为资源匮乏、严重依赖进出口贸易的国家，日本企业曾大量仿造和加工他国产品，一度被国际上认作"设计小偷"，使得大量制造企业举步维艰，出口产品遭到抵制，但日本的工业设计产业反而通过全国上下重建国家的决心得到发展的全面提速。

　　为了改变经济破败的局面，日本制定了各种限制仿造、提倡创新的工业设计政策，提出了推动工业设计发展以振兴经济的方针。日本将工业设计产业纳入国家发展战略，给予高额资金支持，力争由"设计抄袭"向"设计龙头"进行转变，以工业设计作为经济振兴的加速器，引领其他产业的发展与复兴。

　　1951年，日本政府邀请Raymond Loewy来日讲学，为其带来了高度商业化的美国工业设计观念，也有学者将该年前后定为"日本设计元年"（1950或1951）。此后的五年间，日本工业设计教育获得了快速的发展，设计院校与研究机构陆续成立；1952年，日本工业设计师协会成立；1969年，日本工业设计振兴会（Japan Industrial Design Promotion Organization）建立并开始实施"日本优秀工业设计商品开发指导计划"和"地方产业工业设计推进计划"。通过这些计划的实施，各地相继设立了工业设计协会或工业设计中心，初步形成了工业设计产业振兴体系。

　　日本工业设计振兴会积极开展各类工业设计发展调研，建设设计事务所等软硬件环境以及设计情报库等基础设施，并设置"设计人才培养中心"（*Design Staff Development Center*），以解决影响工业设计产业发展的人才供求问题。但总的来说，由于其制造经济在当时还属于初级阶段，设计振兴会的促进效果并不明显。

　　随着制造领域的产品同质化和市场环境的改变，部分日本制造业企业开始寻求工业设计与传统产品开发工作的融合。索尼公司（Sony）是日本最早应用工业设计实施产品创新的企业。1951年，该公司推出了著名的H磁带录音机，1954年，工业设计专职人员在索尼公司内部出现。有学者记载，在1961年、1981年、1982年时，索尼公司的职业工业设计人员的数量分别为17人、56人与131人，这一数值的高速增长与该企业不断寻求国际化品牌战略与行业领导者地位高度关联。此外，1957年，本田公司（Honda）成立了设计部；次年，设计委员会在日本铁路系统中出现。不可否认，行业领军企业对于整个产业的发展意义重大。

丰田公司（Toyota）在 20 世纪 70 年代曾将工业设计的目标定位于"使人的需求与机器的条件和谐起来"——这一以"适应性"为中心的观念已显示出日本工业设计在认知上的蜕变，并且逐步得以挣脱美国以商业性为主导的设计逻辑，类似的理性意识也在这一时期集中涌现并开始引领日本工业设计产业趋向成熟。夏普公司（Sharp）认为工业设计的职能体现在"构想未来生活"，可以促进生活方式的改变与消费结构的变化；索尼公司（Sony）则力争从根本上创造新产品，即创造新的产品设计原型 —— 从概念、研发、测试、工程到营销、宣传等全产业链角度构建自身的工业设计机制。以索尼公司为代表的相当一部分日本制造业企业在度过学习与模仿阶段后开始秉持原始创新与原型设计观念。回顾其后续历程可以看到，对于工业设计的深层次应用虽然在产品研发阶段承受了不小的挑战，却在日后的发展中受益无穷。

就产业演进的驱动路径而言，以日本为代表的制造经济路径所面对的主要矛盾是要首先解决工业设计介入体系相对封闭的传统工业制造过程中所形成的各类阻力，因此其产业积累的时间由于技术含量的相对较高而比较缓慢，无法与英国的文化创意路径以及美国的市场路径等方式进行时间竞争力上的比拼，但其后坐力与产业持续繁荣的时期较长，如果没有受到"颠覆性创新"（*disruptive innovation*）（Christensen，1996）的冲击，产业的长期竞争优势将十分明显。

另一方面，由于以第二产业作为发展基础，在吸纳就业等问题上对于国家发展在相应时期具有基础性意义，工业设计人员的社会地位和保障也相对稳定。制造驱动的工业设计产业有利于使其价值生成"设计原理创新"（石振宇，2008）的"原型"，从而得以既能够驱动简单制造，也能够在复杂制造中发挥资源引导职能 —— 这正是日本制造业品牌得以长时间稳定并主导国际竞争的重要原因所在。

3.3.4 以韩国为代表的政策驱动路径

韩国工业设计产业的演进与上述国家的路径均不相同。由于在发展初期并非工业或文化强国，韩国工业设计产业所实现的跨度式飞跃是典型的政策驱动成长模式。

在"三个设计五年计划"（1993—2007）的政策刺激下，韩国不仅从国民经济视角树立了"产业设计"（*industry design*）的国家意识形态，也设置有韩国设计振兴院（Korea Institute of Design Promotion）等具体行政部门。韩国的设计发展如同"汉江奇迹"（*Han-jiang Miracle*）的经济发展一样，一跃成为世界领先，其依靠的是举国体制的推进并且高度立足于自身建设，打造龙头企业也是其中的重要策略。

相比较于日本，韩国虽然有一定的天然资源优势，但其国土面积仅有 9.96 万平方公里，在工业化初期主要以出口加工为主。20 世纪 40 年代，韩国的国民生产主要是为了满足人们最基本的物质需求。50 年代，由于民众生活水平的提升，设计领域才得到一些发展。

韩国工业设计产业的真正起步始于 20 世纪 60 年代。经济发展五年计划的制定使得韩国的工业生产能力与技术水平得到增强，为工业设计的广泛应用建立了物质基础。这一时期，不少韩国企业已开始拥有自身的专职工业设计人员，如现代汽车、三星电子等企业均已拥有数名工业设计师。这些设计师的工作虽然还无法主导企业的产品计划，甚至仍以仿制和抄袭为手段，但在产品中已然可以看到其力图融入本国文化内涵的尝试。1965 年，韩国政府通过成立"韩国设计研究中心"的决议，该机构后更名为"韩国设计中心"，为"韩国设计振兴院"的建立打下了基础。

70 年代初期，韩国的包装设计取得了不错的成果。1970 年，第一所政府属下的设计振兴机构 ——"韩国包装设计中心"随之建立，这一机构就是韩国设计振兴院的前身，从而也拉开了政府促进工业设计产业的序幕。

进入 80 年代后，韩国工业设计产业的政府促进工作进一步趋向成熟，1985 年，为了提升产品设计的水平，韩国政府实施了"优秀工业设计评价制度"，并在产业层面设置了"工业设计国家推进计划"等筹备性政策，通过政府资源推动企业进行设计的各项开发。另一方面，韩国的工业设计教育在这一时期发展迅速，不少大专院校陆续设置了工业设计学科，在时间上与我国的工业设计教育有并行之处。

20 世纪 90 年代是韩国工业设计产业的高速发展时期，企业的国际化战略使得其自身对工业设计与原创性产品的需求急剧增加，韩国政府在此时意识到扶持原始设计对于本国企业的重要性，进而加大促进力度并设置了韩国工业设计产业的"三个五年发展计划"。在计划实施初期，韩国工业设计领军企业的崛起十分值得关注。三星（Samsung）、LG、现代（Hyundai）等在产品创新上的突破性进步使之由原本的技术驱动模式迅速转变为品牌型企业，从而产生了显著的辐射效应。

1997 年，韩国政府颁布了设计振兴法案，目标是在 2005 年将韩国提升为世界级的设计大国，工业设计作为核心内容在其中也得到了重要发展。2004 年，韩国设计振兴院从人力资源供求、设计工作室和公司设计发展三个方面对韩国的工业设计产业发展状况进行了系统性调研，并对产业的发展作出了评估报告。进入第三个五年计划之后，韩国的政府促进工作已由之前以工业设计产业为核心逐步延伸至范围更广的设计产业范畴，并提出了"产业设计"（industry design）的概念，其举国性的设计战略也借助设计产业自身与生俱来的显示效应使得韩国的国际影响力得以迅速提升。

就教育方面来看，由于政策的强力推动，韩国在其第二个设计振兴五年计划（1998—2002）中，工业设计的学生人数逐期显著增加，韩国政府在大学中建立了 15 个设计创新中心，提倡产学研相结合。在这五年中，韩国工业设计专业的毕业生总数同比上一个五年增长约 28%，由原来的 28000 余人上升到 36000 余人。

如果从产业演进的规律出发，政策的强力驱动实则在一定程度上违背了促进以中高级市场秩序为特征的产业发展原理。这是由于在供需关系尚不明显和稳定的情况下强行进行政策性的干预，在经济战略布局方面风险较大，资源的应用效率上也存在技术实力保障不足的巨大隐患，因而需要时任政府明确的战略定位与实施决心，以及有效的配套方案。从具体的发展情况看，韩国先后设置了行政主管单位与分管机构，打造了龙头企业，以及大规模实施人才战略，这些举措使得工业设计产业的生态体系得以快速形成。三星、LG 等一批制造业企业成功地由"技术驱动"向"设计驱动"的转型表明，韩国的政策促进思路已然取得了初期的成功。

但在另一方面，由于技术实力与文化底蕴的"拔助式"成长，以及规模性的媒体宣传策略，使得韩国工业设计产业的基础并不牢靠，设计价值过度集中在表现层面，严重缺乏深层次的工业设计技术与资源储备。虽然上述缺失在一定时期内可以通过产业链的局部整合等方式加以弥补，但从长期来看，韩国的工业设计产业必将面临后续发展在内力方面的巨大挑战。

3.4　中国工业设计产业演进研究

中国工业设计领域从何时开始启蒙，目前在学术界仍有一定争议，总的来说包括三种不同意见。多数学者认为工业设计在中国的诞生应从改革开放以后算起，因为包豪斯式经典的工业设计教育从西方传入中国是在 20 世纪 80 年代初期；也有学者认为这一起始点应当从建国以后开始计算，因为工业建设的兴起建立了雏形的市场经济环境，尽管那时还没有"工业设计"这一概念，但相似的提法如"工艺设计""工艺美术"

等实则在意识层面运用了工业设计的思想方法；还有另一种观点指出，中国工业设计领域早在清末和民国时期就已经开始呈现萌芽。20 世纪 30 年代，大批留学欧洲的艺术家回国，带回了西方的工业化思想，也一并将工业设计的观念间接引入。

从产业演进和企业活动的视角看，20 世纪 80 年代是中国工业设计产业初期发展的重要时段。除工业设计教育在当时蓬勃开展外，具有标志性的第一批工业设计企业也在 20 世纪 80 年代后期诞生，拉开了工业设计参与经济活动的序幕。

就产业发展的生命周期而言，产业内的市场和企业出现前会经历意识形态的孕育期（Evans，1987），因此将中国工业设计产业的开端定位于 20 世纪 80 年代，在逻辑上有一定的片面性，缺少对于产业成型前的积累性考量。另一方面，对于清末、民国时期艺术家回国继而引入西方工业思想的观点，因中国当时的工业化还未经针对性建设，从工业设计的价值属性来看，又显得比较牵强。相比较之下，将中国工业设计产业的孕育阶段定位在建国后至改革开放前是较为合理的。产业的总体演进可以划分为四个阶段性历程。

3.4.1　孕育期：建国后至改革开放前（1949 年—1978 年）

中国实质意义上的工业化建设是从建国以后开始的，工业设计产业的社会背景和技术环境理论上从此时起已有了相应载体。但从产业的消费市场来看，由于当时的中国还处于战后重建期，必需品经济占据经济发展的主导，各方面的条件限制使得商品经济的发展还需待时日，文化消费相对于使用性、实用性消费的起步而言尚无从谈起。工业设计产业在国家全新建设的历程中得以孕育。

建国后，由于我国在一段时期内主要实行计划经济和计划供应，市场中基本不存在产品竞争。加之优先投入重工业发展，民用市场长时间处在供不应求的状态，使用性和实用性消费的绝对主导致使社会并不需要在产品中融入更多的创新开发与设计意识，国民经济在工业、文化、教育等领域的资源配置也不能支撑产业发展。

由于必需品经济与实用性消费阶段中的重点主要在于解决产品基于技术、制造等方面的实现性问题，工程师几乎是当时产品开发过程中唯一的规划性角色。尽管当时的工业产品在基本的外观、品牌、装饰和包装等方面也存在一定的文化性要素，但这些要素的内涵与工业生产是脱离的，因而并非是典型意义上的工业设计工作。真正介入生产制造的工业设计业务在此时的产品市场和消费市场都还无从涉及。

在劳动力培育方面，为适应上述局面，中国的高等院校在专业布局上显得比较集中，以工程相关专业为主导的工科院校遍布全国各个大中型城市，仅在为数不多的艺术院校里设置有"美工"这一专业。1957 年，在时任国务院总理周恩来的支持下，庞薰琹、雷圭元、郑可等人创办了中央工艺美术学院；1960 年，无锡轻工业学院设立了"轻工日用品造型美术设计"专业；1975 年，中央工艺美术学院专设了"工业美术系"。上述这些变化已使得工业设计教育产生出从艺术角度加以孕育的迹象。然而，这些专业的教学内容与学生培养目标仍然属于"实用美术"的范畴，在与工业生产的联系上还比较薄弱，即使存在也相对浮于表层，系统的概念与方法在此时并未诞生，"实用美术"与工业设计仍有本质的区别。尽管如此，教育体系的不断演化还是使得工业设计产业在知识层面得到了萌芽性的积累和孕育。

3.4.2 成长期：20 世纪八九十年代（1978 年—2000 年）

改革开放是我国工业设计产业发展的分水岭，工业设计教育成为国内工业设计产业化的知识先导，这种局面与西方经典的工业设计产业发展路径基本一致。

20 世纪 70 年代中后期，江苏的无锡轻工业学院率先创办了"工业产品造型美术系"，而后，"工业美术系"在北京的中央工艺美术学院中出现。与此同时，原机械工业部在湖南大学创办了着眼于机床造型设计的"工艺美术研究室"，而南方的广州美术学院在工艺美术系内也开始着手筹建"美术设计"专业。

20 世纪 80 年代初，一批国外留学归来的学者正式在中国的院校中创办了"工业设计"这一专业，这也标志着我国对现代工业设计理念的首次引入。另一方面，除了教育领域的专业性发展外，中国工业设计协会也在 80 年代中期宣告成立，使我国工业设计领域诞生了首个与政府有关的职能性部门（见图 3.7）。在此后至今的 30 余年间，中国工业设计协会与各地方性工业设计协会为国内的工业设计产业在机制建设方面贡献了重要力量。目前，这些行业协会的总数在全国已超过 20 个，并且呈现出多样化的运营发展趋势。行业协会组织的成立在一定程度上弥补了我国工业设计产业日后发展中的结构性矛盾。

图 3.7　中国工业设计协会成立大会留影（1987 年 10 月）

（资料来源：中国工业设计年鉴. 北京：知识产权出版社，2006.）

从机构职能上看，行业性协会组织的存在致力于为国内的工业设计领域提供沟通与交流的平台，进而使行业发展形成群体力量，互通信息，互相促进，有秩序地开展各类活动。通过造舆论，做宣传，举办工业设计人才培训班和师资班等方式，以中国工业设计协会为代表的行业性协会组织近年来多次召开全国范围的交流与研讨集会，有效地提升了工业设计在国内环境中的社会影响力，也在一定程度上促进了大专院校中工业设计教育体系的建设。

在具体的经济活动方面，工业设计事务所和企业的设计部门在这一时期都得到了较大发展，这对于工业设计产业的质变性积累而言十分重要。1986 年，由设计师石振宇创办的国内第一家工业设计事务所 —— 北京崇文工业设计事务所在北京成立。1988 年，第二家工业设计事务所 —— 南方工业设计事务所也在广州建成营业，1991 年至 1992 年间，更多的工业设计事务所在广州、深圳等地开业。

进入 20 世纪 90 年代，职业工业设计公司的发展开始呈现出一定数量。1998 年，全国的职业工业设计公司约有 40 余家，十年后，仅深圳市注册在案的职业工业设计公司就超过了 400 家。截止到 2011 年年底，国内注册的职业工业设计公司总数已超过 2000 家（见图 3.8）。在 20 世纪末的相当一段时期内，由于制造业企业的市场竞争尚未延伸至品牌及战略阶段，因而在产品上对于工业设计的深层次需求也并不强烈。职业工业设计公司在当时的发展规模虽然还仅是初期积累，但从结构上而言却是我国工业设计产业在成长初期的生产主体。

在企业内部工业设计能力的发展方面，以广州、深圳为代表的"珠三角"企业可以视作一个前沿。美的、华为、科隆、康佳等代表性企业在 20 世纪 80 年代就初步设立了自身的工业设计部门或工业设计中心。

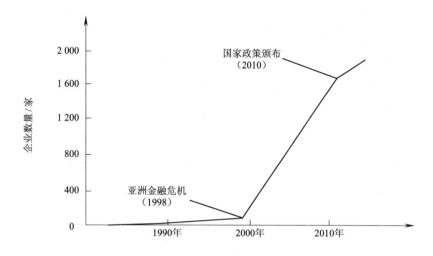

图 3.8　中国职业工业设计公司十年间增长示意图

在国内工业设计产业的成长时期中，院校的发展在产业体系中一度占据了首要位置。工业设计产业是以知识经济为特征的产业形态，知识结构、技能结构的建立为整个产业搭建了十分重要的基础环境，而日益兴起的以商业利润为中心的企业竞争则预示着一个全新阶段的到来。

3.4.3　高速增长期：21 世纪前十年（2000 年—2010 年）

随着我国进入经济增长方式转型的全新十年，处于国民经济支柱角色的实体制造业在全球化竞争中开始面临转型升级的严峻挑战，国民消费结构也因收入水平的整体提升产生了以文化导向为代表的比重性变化，这为工业设计产业的快速发展提供了重要机遇，同时也将其推至进入国家意识形态的战略性发展边缘。

2000 年以来，除了一些制造业企业出于产品差异化与品牌等因素的考虑开始寻求产品的设计变革之外，一些经济发达省份在经济驱动力类型上的变化也使得工业设计的消费市场开始加速形成。早在 1991 年，北京市政府就已制定了"在北京工业系统推动工业设计"的战略规划；上海、广东等地在 20 世纪末和 21 世纪初也都早于中央及全国其他省份陆续出台了一些涉及工业设计产业化发展的规划文件，这在一定程度上说明了经济发达省份在消费市场领域的结构性变化。

2001 年正式加入世贸组织以后，国内民用制造业的消费市场被美、日等国较高品质的工业产品瓜分明显，工业设计则在这种品质构成中扮演了重要角色。由于全球化经济进程已逐步将生产规则主导市场的格局打破，加之消费者主体意识与个体价值化的消费需求提升，实用价值已不再是国内经济发达省市在消费品市场的首要原则。大批国内制造业企业被迫面临这一消费格局的变化，企业的产品差异化、品牌化、国际化等新的时代需求比其经营者所预想的更早到来了。

受限于长期的代工型、加工型制造模式，我国大部分制造业企业对于市场规则的捕捉并不敏锐。然而随着同质化竞争的日趋恶化以及上游品牌企业逐渐在新型的战略和生态经济格局中身陷动荡，国内制造业企业无论在上游订单的稳定性还是自身的发展空间方面都处于被动的抉择期 —— 升级或是继续受不确定性的支配，两者的风险与隐患并存。

由于制造业，特别是实体制造业是我国国民经济的支柱，在解决就业、发展等问题上的职能十分显著，因而实体制造业企业的规模性流失不仅关乎经济发展，同时对社会的稳定性也有着重大影响。我国政府在宏观层面意识到了这一危机，一系列针对制造业的调整性政策开始出台，推进工业设计发展也是其中的重要内容。

2002 年 4 月，时任国务院副总理吴邦国指出："工业设计是将产品技术设计与外观设计结合起来，不仅要确保产品的技术功能，而且要给人以美的享受。这方面我国与国外先进企业差距很大，应予重视，否则会影响我国产品竞争力"。2006 年，时任国家主席胡锦涛在中央经济工作会议上指出："重点发展金融保险、研发设计、信息服务等产业"。《国家中长期科学和技术发展规划纲要（2006—2020 年）》中提出："要增强工业设计与制造业能力和水平，必须提高我国工业设计的整体实力，促进工业设计作为现代服务产业的发展，从而推动企业创新能力的提升"。2007 年，时任国务院总理温家宝批示"要高度重视工业设计"。同年，国务院《关于加快发展服务业的若干意见》中强调："大力发展科技服务业，鼓励发展专业化的工业设计；建设一批工业设计、研发服务中心；积极承接工业设计等国际服务外包业务"。

21 世纪的前十年间，在上述制造业挑战与政府号召的背景下，我国工业设计产业的生产经营活动发展迅猛，企业与工业设计有关的专利拥有量快速提高。2009 年，我国外观设计专利、实用新型、发明三项专利授权量分别相当于 2001 年的 5.73 倍、3.75 倍和 7.88 倍。各类工业设计相关企业数量相比较 20 世纪八九十年代以成百倍的数量增长。在教育等基础设施建设方面，2006 年全国开设工业设计专业的大专院校约有 260余所，为 2000 年的 2 倍。而截止到 2011 年年底，全国设置工业设计专业的院校已超过 500 所，平均每年毕业生约 3 万人。工业设计产业的生产主体拓充和基础设施建设都在这十年间得到了高速积累。

3.4.4 战略发展期：工业和信息化部指导意见出台至今（2010 年至今）

2010 年 3 月，工业设计正式被国务院在政府工作会议中纳入我国"七大生产性服务业体系"；同年 7 月，中国工业和信息化部联合中央十一部委正式出台《关于促进工业设计发展的若干指导意见》（工信部联产业〔2010〕390 号），首次给予了工业设计在国家层面的明确定义："工业设计是以工业产品为主要对象，综合运用科技成果和工学、美学、心理学、经济学等知识，对产品的功能、结构、形态及包装等进行整合优化的创新活动。工业设计产业是生产性服务业的重要组成部分"。该意见的出台标志着中国工业设计产业国家意识形态的初步确立，自此，在经过十余年的酝酿之后，工业设计产业开始进入国家发展格局。

上述政策出台以后，我国的工业设计产业延续了前十年的高速发展态势，同时开始呈现集聚性的发展特征。这些特征包括：①搭建工业设计公共服务平台。如湖南省工业设计创新平台：该平台由管理、运行及支撑体系三大板块组成，整合全省工业设计资源以推动产业体系的形成。②建设工业设计产业孵化基地。如北京 DRC 工业设计创意产业基地：该基地通过政府引导，以制造业企业、职业工业设计公司和院校为服务对象，依托北京市的政策、技术与教育优势，为企业的设计创新工作建立资源共享模式，提供必要的服务保障。③建设工业设计或设计创意产业园区。如广东工业设计城、宁波和丰创意广场等：后者通过宁波市政府与企业实施共建，占地 220 亩，投资金额约人民币 33 亿元（见图 3.9），在 2012 年连同宁波市大学科技园、宁波经济技术开发区数字科技园等三家单位共同被宁波市经济和信息化委员会认定为宁波市工业设计产业园区。

图 3.9　投资约 33 亿元的浙江宁波和丰工业设计园区

（资料来源：通过对宁波和丰工业设计园区实地调研获得）

据不完全统计，全国目前已有工业设计及设计创意类产业园区超过1000家。从产业整体的战略发展思路来看，为弥补社会工业化机制的缺失，集聚性业态还将在相当一段时间内作为国内工业设计产业的重要模式存在。

3.5 本章结论

纵观工业设计产业全球发展的层次结构与阶段性演进历程，在生产意识、生产模式和生产秩序的变迁下，形成了以"促进工业设计职业化"为中心的生产化阶段、以"扩大工业设计行业规模"为中心的规模化阶段、以"完善工业设计市场体系"为中心的市场化阶段和以"形成工业设计国家战略"为中心的战略化阶段等四个演进阶段，其分别代表了主导产业发展的个体意识形态、企业意识形态、社会意识形态以及国家意识形态，是一个由低层次到高层次、由单项建设到系统建设的演化过程。中国工业设计产业经历了三十余年的短暂发展历程，目前正处于规模化和战略化的"双轨"发展时期，企业体量和政策体量都日趋扩大。

通过考察具体的演进历程可以看到，目前中国的工业设计产业尚处于被国际环境与传统产业格局的高度整合之中，自身的价值体系还未形成，主体意识相比较庞大的躯干而言尚显得十分薄弱。

在近十余年的高速发展过程中，中国工业设计产业虽然积累了企业数量与政策体量上的双重优势，但从内在的演进成因来看，这种优势积累的过程是由国内制造业在全球化与市场变化背景下的转型危机所驱动的，表现出明显的"被动演进"特征，因而在整体的产业格局中尚存有关键隐患，我们将在后续章节对此进行更加深入的分析。

第4章 中国工业设计产业的
区域演进与发展现状

加入 WTO 以后，中国工业设计产业的整体水平已进一步直接影响到制造业的整体竞争力。在经历了代工生产的高速增长期之后，当前国内制造业以创新为中心的升级挑战已不可避免。金融海啸（1998，2008）的前车之鉴使得中国南方大面积的制造业企业在缺乏核心技术与主导产品的情况下数量骤减，在全球化与服务经济时代，工业设计能力已然成为制造业企业核心竞争力体系的重要组成部分，必需品经济和用品经济下无关痛痒的局面已不复存在。

另一方面，改革开放以来，我国在经济建设中通过粗放型思路取得了显著成就，社会工业化程度也明显提高，但是产业结构问题却日趋尖锐。伴随着经济的进一步发展和工业生产规模的进一步扩大，产业结构与现代市场演进的矛盾开始显现，传统的劳动密集型产业和加工型制造业难以向更高的价值生产层面迈进，在制造创新性、突破性产品的挑战面前困难重重。发达国家借助工业设计产业提升国家制造能力、完善国家创新体系的举措在近几年给予我国诸多启示。

在改革开放初期，丰富的物质资源、廉价的劳动力加之主导性的体制综合构成了我国工业生产企业赖以生存的成本优势，而在核心技术、原创性、资金与智力资源短缺的状况下，倚赖成本优势便成为国内工业制造企业成长的必经阶段。然而在当今经济全球化和资源约束的时代背景下，随着高新技术产业和现代服务业的快速发展，以及日益增长的环境、生态等和共生性秩序，为顺应国际竞争的新秩序以及消费市场的结构性变化，我国的工业经济模式也必将从低成本时代逐步进入高成本时代，制造业企业原有的成本优势正在逐渐消失，以往劳动密集型的产业结构将向技术密集型、智力密集型艰难转变。我国的工业设计产业正是在这一转变过程中得以迈向高速发展时期，并且初步具备了自身发展的专业技术、政策环境以及社会环境。

为了考察当前的发展现状，用以定位我国工业设计产业的发展逻辑以及所存在的问题，作者先后走访了全国十余个代表性省市，从企业生产、政府政策、从业状况和教育等多个方面进行了实地考察。

4.1 理论工具与考察方案

在进行全国范围的研究时，对重点区域的划定将对产业分析效率有重要帮助。发展经济学理论中的"增长极"（*growth pole theory*）原理（Perroux，1950）表明，"增长"并不是同时出现在所有的地区，而会以不同的强度出现在一些增长点或增长极上，进而通过不同的渠道向外扩散。Dewa（1957）、Davin（1959）和 Poittier（1963）等人也有类似意见，认为区域经济发展并非是均衡的，而是高增长区域的带动性使然。从一般情况看，由于经济发展中的一些主导产业部门或者创新能力突出的企业与行业在一些地区集聚，会使得该地区出现资本与技术和智力资源的高度集中，从而形成具有规模经济效益、自身增长迅速的"增长极"。通过这些地区的优先增长，进而带动邻近地区的共同发展，最后实现整个区域的协同发展。对于地域面积较大、样本众多的研究而言，采用增长极（区域）的研究方案是一个相对简约和直观的路径。

随着中国工业设计产业的政策性提速，大批工业设计相关的产业园区在制造业或文化发达的省份陆续建立，迄今为止，相关集聚区已有上千家。这种以政策为基础的集聚效应已使得国内的工业设计产业形成了若干产业增长区域。这些增长区域逐步在性质层面演化成为我国工业设计经济增长的引擎，支撑着中国工业设计产业的规模化、市场化以及日后的战略化进程。本章将对这些代表性省市地区进行分析，借以勾勒出我国产业演进的主要特征。

4.2 中国工业设计产业区域演进概要

目前，国家统计局还未开展工业设计的产业统计工作。作者通过各地方政府、促进机构和产业园区等单位的协助，初步提取了产业发展的基础性数据。截止到 2011 年年底，中国工业设计相关企业已超过 6000 家（包括自身拥有完整工业设计开发部门的企业和职业工业设计公司两部分），职业工业设计公司已超过 2000 家，全国工业设计从业人员近 50 万人。外观专利申请年平均增长率接近 33%。全国开办工业设计专业的院校超过 500 所，在校生约 10 万人。开设设计相关专业的院校超过 1700 所，在校学生总量超过 140 万人，占全国在校大学生总数的 5.2%。从规模上来看，我国当前已基本成为全球工业设计产业体量最大的国家。

4.2.1 中国工业设计产业的现状分析

中国工业设计产业在 20 世纪 80 年代开始起步，先期经历的是专业化的发展道路，工业设计院校在基础设施层面是当时的产业主体。进入 90 年代后，迫于市场同质化的竞争压力，企业开始逐步跟进，与其外围的职业工业设计公司一同承担起我国工业设计产业新的主体角色。21 世纪以来，特别是 2007 年时任国务院总理温家宝批示"要高度重视工业设计"以后，工业设计产业的发展开始呈现明显的政策驱动提速，产业主体也随之开始趋向复杂：以企业为代表的应用性工业设计领域、以职业工业设计公司为代表的服务性工业设计领域和以产业园区为代表的集聚性工业设计领域各自布局、并行发展，形成了中国工业设计产业第三阶段的主体结构。具体而言，当前中国工业设计产业的发展主要呈现以下三类现状：①产业处于"规模化高速增长"阶段；②企业逐渐与职业设计公司共同成为生产核心；③初步形成了"环渤海、长三角、珠三角"产业带，形成了对中部地区、中西部地区的带动效应。

4.2.1.1 产业处于"规模化高速增长"阶段

国内工业设计产业的高速增长可以借由三个方面加以认识：一是企业数量的高速增长。目前全国已有工业设计相关企业超过 6000 家，职业工业设计公司超过 2000 家，而其布局还普遍集中于东南沿海，地域潜力还远未得到充分开发；二是产业园区数量的高速增长。当前全国已有设计创意类园区超过 1000 家，从调查的情况看，绝大部分园区均拥有一定规模的工业设计业务，半数以上将工业设计作为园区的业务主体之一；三是劳动力数量的高速增长。全国已有设计类专业院校超过 1700 所，在校学生总人数超过 140 万人。设置工业设计专业的院校也已超过 500 所，在校学生约 10 万人（见表 4.1）。

表 4.1 中国工业设计产业发展情况统计（截至 2011 年年底）

增长区域	全国	环渤海	长三角		珠三角		中部		西部	
代表省市		北京	上海	浙江	广东	深圳	湖南	湖北	四川	重庆
机构情况										
企业数量/家	全国共 6000 左右									
设计公司/家	2000+[①]	200+	300+	400+	700+/500+		20-[②]	20-	100+	10-
人员情况										
从业人数/人	50 万	25 万	8.65 万	9.5 万	10 万		不详	不详	不详	不详
在校人数/人	10 万	3 万	1 万	1.2 万	5.6 万		1200	4000	4000	3000
毕业人数/(人/年)	3 万	6000	1800	3000	9000		300	1000	1200	580
开设院校/所	500	30	50	40	44		9	33	6	9

注：数据来源：作者对工信部、中国工业设计协会等单位调研与实地走访获得。
　　① 表示"多于"。
　　② 表示"少于"。

在企业的增长方面，我们以北京和深圳进行举例。北京市工业设计产业起步较早，产业理念、规模、技术服务水平等都相对处于国内领先地位。据北京市工业设计促进中心的统计数据显示，2009 年时，北京工业设计及相关业务收入已达 60 亿元，建立内部工业设计部门的企业超过 200 家，职业工业设计公司的数量在 500 家左右，主要分布于消费类电子、工业工程、航空航天等领域。同年，深圳市工业设计相关企业超过 3500 家，企业数量约占全国总数的六成以上。根据深圳市工业设计协会统计的数据，截止到 2011 年年底，深圳市各类工业设计相关企业已增至 5000 余家。

在产业园区的增长方面，工业设计类园区日益成为产业聚集的重要业务载体。近年来，在地方政策的政策刺激下，一些有条件的地区陆续建立了工业设计产业或设计产业集聚区，全国设计创意类园区已突破 1000 家。在工业设计方面较有代表性的园区包括：北京 DRC 工业设计创意产业基地、无锡（国家）工业设计园、上海国际工业设计中心、广东工业设计城、深圳田面设计之都、成都红星路 35 号等等。这些园区在发展初期多由政府投资建设，因此国有资本是大部分大型工业设计产业园区建设初期的资本主体，这给其业务规划与规模化拓展带来了一定的资金保障，同时也为其向民营资本与混合投资建设提供了时间上的过渡。

在劳动力的增长方面，从地方统计数据与实地调研来看，国内工业设计从业者年龄区间集中在 20 岁至 35 岁之间，在结构比重上占据从业总人数的九成以上，业务年轻化的现象比较突出，在创造力与经验方面也利弊并存。在地域分布上，华南、华东、华北地区的工业设计从业人员数量各占全国总数的 20%、22% 与 24%，东北、西北和西南地区相加后约占 12%。目前，北京、上海、浙江、江苏、广东等经济发达地区，以及湖南、湖北、四川、重庆等制造业基地的工业设计从业人员数量增长迅速。从数据看，截止到 2011 年底，北京市设计服务业从业人员已接近 25 万人，其中工业设计从业人员超过 2 万人；而在广东，工业设计的从业人员同期已超过 10 万人；从上海市工业设计协会最新的统计数据看，上海市工业设计从业人员同期也已超过 8 万人。以上述三个省市为代表，截止到 2011 年底，全国直接从事工业设计的从业人员总数已达到 50 万人，不论规模与增长速度都十分可观，从全球经验来看也颇为罕见。2006 年，全国设置工业设计学科的大专院校约为 260 余所，而截止到 2011年，这一数量已超过 500 所，平均每年毕业生约 3 万人。劳动力规模的持续扩大为我国工业设计产业的高速发展提供了丰富的人力资源支持。（我国具备工业设计本科学位授予权的高等院校数量见表 4.2）。

表 4.2　中国具备工业设计本科学位授予权的高等院校数量

（单位：所）

2000 年以前	2001 年新增	2002 年新增	2003 年新增	2004 年新增	2005 年新增
162	30	13	14	11	18

注：资料来源：中国文化产业年度发展报告 2012. 北京：北京大学出版社，2012.

4.2.1.2　企业逐渐与职业设计公司共同成为生产核心

近年来，我国制造企业在工业设计相关专利拥有量方面快速增长。以 2009 年为例，国内制造业企业在外观设计、实用新型、发明等三项专利的授权量分别为 249701 件、203802 件和 128489 件，分别相当于 2001年的 5.73 倍、3.75 倍和 7.88 倍（王晓红，2011）。以广东省为例，其制造业企业的专利成果总量已连续 15 年居全国第一。2011 年，广东省工业设计相关专利申请量、授权量分别已达 15.3 万件和 11.9 万件，增速明显并稳居全国前列。与此同时，企业在工业设计评奖的积极性方面也呈现明显的上升趋势。以北京市工业设计促进中心主导创办的"中国设计红星奖"为例，2007 年第二届红星奖参评企业数量达到 450 余家，相比较 2006 年增长近 150%，申报产品数量为 1800 余件，相比较 2006 年增长近 400%。以上现象从一个重要侧面反映出工业设计位置与重要性在企业中的改观。（1985 年～2005 年国内外三种与工业设计相关的专利申请情况见表 4.3）。

表 4.3　国内外三种与工业设计相关的专利申请情况

（单位：件）

按国内外分组		合计		发明		实用新型		外观设计	
		申请量	构成	申请量	构成	申请量	构成	申请量	构成
合计	小计	2761196	100.0%	879031	100.0%	1128502	100.0%	753663	100.0%
	职务	1310262	47.5%	656530	74.7%	309320	27.4%	344412	45.7%
	非职务	1450934	52.5%	222501	25.3%	819182	72.6%	409251	54.3%
国内（申请人）	小计	2257284	100/81.8①	442602	100/50.4	1120557	100/99.3	694125	100/92.1
	职务	829005	36.7%	238159	53.8%	303386	27.1%	287460	41.4%
	非职务	1428279	63.3%	204443	46.2%	817171	72.9%	405665	58.6%
国外（申请人）	小计	503912	100/18.2	436429	100/49.6	7945	100/0.7	59538	100/7.9
	职务	481257	95.5%	418371	95.9%	5934	74.7%	56952	95.7%
	非职务	22655	4.5%	18058	4.1%	2011	25.3%	2586	4.3%

注：数据来源：中国工业设计年鉴. 北京：知识产权出版社，2006.
　　① 指国内外比重，此处 100/81.8，表示国内占比为 81.8%。

　　无论基于主动性抑或是被动性的需要，我国绝大多数的制造业企业已开始逐渐认识到工业设计在企业创新中的实际价值，这些认识集中体现在：提升产品差异化与附加值、拓展业务领域、创建品牌机制、开拓新兴市场、增强企业技术创新与技术转化能力，以及优化产品线体系等方面，企业相关专利拥有量的快速增长也说明了这些认识上的转变。

　　另一方面，国内职业工业设计公司的竞争力也有较大改善。从发展规律来看，职业工业设计公司基于企业的设计外包业务而得以生存，自身的主体建设在经营初期是比较有限的，很多职业工业设计公司在经历相当一段时间的发展后，其业务的挂靠性仍旧非常明显。上述矛盾在国内工业设计产业的规模化提速下得到显著改变，有相当一部分职业工业设计公司不仅形成了自身的核心竞争力结构，如战略性咨询、产品局部的一体化生产等，还得以逐步摆脱了对于企业的高度依赖。另一方面，国内一部分职业工业设计公司向综合性企业转型发展的进程提速明显。如广东毅昌科技公司较早完成了从外挂性设计业务向主体性设计业务的转变,形成了基于设计产业链的电视机外壳等其他相关产品的业务领域。可以说,正是国内工业设计产业整体的规模化发展环境降低了职业工业设计公司转型发展的时间成本。

从业务领域看,以消费类电子、交通工具、通信器材、工业工程以及部分装备制造业等领域为代表,一些颇具影响力的职业工业设计公司在国内陆续出现。如通信器材行业中的龙旗、德信无线、中电赛龙、希姆通等工业设计公司已具有了一定的国际知名度。2006年,上述四家公司的营业额已分别达到了19.8亿元、6.5亿元、4亿元、3.8亿元。此外,以北京的洛可可、志翔创新,上海的指南、龙域,广东的浪尖、嘉蓝图、毅昌等为代表的一部分职业工业设计公司已初步具备了较强的技术研发与加工实力,发展已逐渐不受制造企业的绝对制约。

4.2.1.3 初步形成"环渤海、长三角、珠三角"产业带

从实地调研以及结合其他学者研究的情况看,目前国内已基本形成了"环渤海(以北京为中心,向辽宁、山东等地延伸)、长三角(以上海为中心,向浙江、江苏等地延伸)、珠三角(以广东为中心,向福建、香港等地延伸)"的三大工业设计产业带布局,其中珠三角地区的工业设计也是广东省政府重点扶持的省内产业之一(王汉友,2012)。此外,中部地区(以湖南、湖北为中心)、中西部地区(以四川、重庆中心,向陕西等地延伸)由于其制造业基础,工业设计产业的发展也逐步趋向一定规模,呈现不同的发展特点。通过整合符合本地区经济特点,特别是符合地区制造业需求的工业设计服务,使得区域制造业的竞争力得以有效提升。如三一重工、厦门厦工等大型装备制造业企业,也已稳定吸纳工业设计的劳动力。同时,依托多年积累的实体制造业基础以及数字信息、产品服务系统等新兴领域,结合以文化消费为特征的中高级消费市场,这些产业带所涉及的地区初步实现了工业设计产业自身的多元化演进,业务领域也不再局限于有限的产品或某类职能范畴。随着区域资源与消

费结构的逐渐变化，预计未来国内工业设计产业的发展空间将进一步由经济发达地区向周边拓展，以及由东南沿海向内陆地区延伸，从而逐步形成以环渤海、长三角、珠三角为产业主体支撑，带动内陆地区和中西部地区综合发展的产业格局。在这种格局性分布下，部分中等发达地区和欠发达地区将会有效接受产业影响力的辐射。

4.2.2　中国工业设计产业的增长格局

就目前而言，我国工业设计产业的主要增长区域包括：以北京为核心的环渤海工业设计产业增长区域、以上海为核心的长三角工业设计产业增长区域、以广东为核心的珠三角工业设计产业增长区域、以湖南和湖北为核心的中部工业设计增长区域，以及以四川和重庆为核心的中西部工业设计产业增长区域。

上述五个增长区域各自的增长驱动力不尽相同。就北京与上海的情况而言，由于第三产业比重已上升至主导层面，因而工业设计产业的发展普遍依靠文化一端的助力，产业形态也以服务业定位，政策上侧重于隶属文化创意产业中"生产性文化创意产业"范畴；广东省一直以制造业作为主体经济支撑，以生产制造驱动工业设计产业的特征更加明显，因而其产业形态与政策促进方面都倾向于生产性服务业范畴，劳动力的知识和技能结构也比较侧重于为生产服务。湖南、湖北、四川、重庆等省市则分别拥有重工业或教育资源基础，因而其产业发展方面也有自身的模式与路径。

4.3　主要增长区域的实证研究

基于上述对国内工业设计产业发展现状与增长区域的分析定位，我们进一步对包括北京、上海、广东、湖南、四川等在内的十余个地区进行了走访调查，了解其主体建设情况，并结合地区的政策规划考察政策的具体实施效果，借以呈现国内工业设计产业的整体发展特点。

4.3.1 北京市工业设计产业调查与政策构成

4.3.1.1 北京市工业设计产业发展现状调查

根据北京市工业设计促进中心的数据统计，截至 2011 年年底，北京市设计服务业总收入超过 500 亿元，资产总值超过 1000 亿元，两者的同比增长均接近 30%，各类设计服务相关企业 2 万余家，从业人员近 25 万人，设计服务业已经成为北京市经济增长速度最快的领域之一，工业设计业务则是其中的重要组成。目前，北京市包括联想、汉王在内的 300 余家企业建立了自身的工业设计相关部门，此外，北京市拥有各类中央及地方设计院所多达 400 余家，丰富的人才与科技资源为北京市工业设计产业的发展创造了有利条件。集聚业态方面，北京市建设有 DRC 工业设计基地、大兴设计产业园区、798 艺术区等 30 余个与设计相关的产业聚集区，围绕工业设计、建筑设计、城市景观设计等优势领域建设了首钢创意设计主题公园、CBD 定福庄文化走廊、永定河生态走廊等与设计、文化相关的产业项目，并在交通工具、绿色制版印刷、风力发电等领域形成了一系列重要的设计研发成果，在消费类电子、互联网以及体验与交互设计领域创造了可观的经济效益。与此同时，北京市还着力发挥自身政治文化中心的优势，广泛开展国内外工业设计及其相关领域的项目合作。

4.3.1.2 北京市工业设计产业的主体建设情况

从企业建设的情况看，北京市应用工业设计的工业制造企业以高新技术企业为主，占到了制造业数量的 80% 以上，其中规模以上（年产值5000 万元人民币）拥有独立工业设计开发部门的企业包括联想集团、华旗资讯、工美集团等等共几十家。这些企业以工业设计作为创新的重要手段，带动了产品体系的调整和利润增长方式的变化。工业设计的应用使上述企业在参与国际市场竞争、促进高新技术成果转化、增强产品生态及品牌价值含量，以及推动制造业升级等方面取得了不错的经济效益和社会影响力。

从劳动力建设的情况看，作为首都，北京市的工业设计教育资源集聚优势明显。截止到 2011 年年底，北京市工业设计及其相关专业在校的本科生、研究生、博士生达到 3 万余人，120 余所大专院校设置了设计相关专业，是全国各省拥有设计院校平均数量的两倍。北京市独立设置工业设计专业的院校共计 30 余所，占全国设置工业设计专业院校总数的 6%。

4.3.1.3 北京市工业设计产业的政策构成与促进要点

1. 建立示范基地

北京市工业设计促进中心作为北京市科学技术委员会直属的从事工业设计及其相关产业推动与组织的机构，已有十余年的发展历程，是目前北京市协助政府推进设计相关产业发展工作的实施机构，也是国际工业设计联合会（ICSID）和国际平面设计联合会（ICGRAD）会员。在示范基地建设方面，2004 年，北京市工业设计促进中心在国内率先提出了"DRC ——设计资源协作"理念。2005 年 6 月，在北京市科学技术委员会和西城区人民政府的扶持下，由北京市工业设计促进中心负责策划与筹建的"北京 DRC 工业设计创意产业基地"启动运行，同年被北京市文化创意产业领导小组认定为首批十个文化创意产业集聚区之一。目前，DRC 工业设计创意产业基地共有在孵企业百余家，企业类型涉及工业设计、平面设计、服装设计、数字新媒体设计、建筑设计、城市景观设计以及咨询策划等相关领域（赵方忠，2008）。2007 年，该基地设计创意类企业经营总收入 1.41 亿元，利润总额约 1214 万元，工业设计在其中的作用也日益成为主导。

2．实施提升计划

北京市工业设计促进中心自 2007 年开始面向全市企业开展"设计创新提升计划"，用以带动制造企业的自主创新，示范现代服务业的科技成果，这项工作与英国在 2008 年的做法有一定的相似性。"设计创新提升计划"自启动至今，已有超过百余家企业与职业工业设计公司提出相关项目申请，内容涵盖消费类电子、新媒体、交通工具、重大装备制造等北京市政府重点发展的工业领域，地域覆盖顺义、怀柔等 10 多个区县。此外，包括"设计咨询诊断工程"和"设计对接示范工程"在内的分支项目也在产品研发、科技成果转化等方面给予了企业有益的帮助。

3．创办社会活动

2006 年，北京市工业设计促进中心在北京市科学技术委员会的资助与支持下，联合国务院发展研究中心、中国工业设计协会等部门共同发起并创立了"中国工业设计红星奖"，这是国内首个具有广泛社会影响力的工业设计奖项。2006 年至 2008 年的三年间，"红星奖"的参评产品数量实现了"400、1803、3146"的快速增长，参评产品企业或机构涉及全国 20 余个省市地区，产品范围包含消费电子、信息通信、交通工具、家用电器、展览展示、装备制造等 7 个重点领域，其中消费电子和信息通信两大领域的参评产品数量的年度增幅超过 150%。

4．开展人才培训

北京市工业设计促进中心以企业人才需求为出发点，借助北京地区的教育资源优势，近年来通过产学研人才基地的建设为高校毕业生提供了实践与实习平台，拓展和丰富了就业渠道，进而为市内企业引入了优秀的工业设计从业人员。在企业在职人员的培训方面，北京市工业设计促进中心采用"企业经理人"等培训方式，普及与强化企业领导层的设计意识，并为在职设计师提供与知识和能力相关的培训课程。以 2007 年为例，该机构共培训工业设计师、企业管理人员以及政府官员共计

1200 余人。

4.3.2 上海市工业设计产业调查与政策构成

4.3.2.1 上海市工业设计产业发展现状调查

根据上海市工业设计协会的数据统计，截至 2011 年年底，上海市工业设计产业总产出为 685.71 亿元，占全市文化创意服务业的比重达到 12.22%，实现增加值 187.45 亿元，同比增长率为 37.6%，高出文化创意产业平均增长率近 25%，总体已进入快速发展阶段。工业设计服务企业总数达到 1865 家，相关从业人员达到 8.65 万人。上海市的工业设计产业已初步建立起以企业为主体、市场为导向、产学研相结合的工业设计创新体系（董锡，2012）。从院校层面看，上海市有近 50 所院校设置了工业设计学科（含国内其他地区学校在上海设置的设计类院系及上海与国际院校联办的设计类高校），包括本科、硕士、博士在内的学科体系也比较完善，专业内容基本覆盖了各类设计相关领域，为上海市工业设计发展储备了大量人才。

4.3.2.2 上海市工业设计产业的主体建设情况

从企业建设的情况看，作为工业设计的产业依托，上海市在汽车、船舶、航空航天、装备制造、通信产品等高新技术领域，以及家用电器、珠宝首饰、日用化学品、服装等消费品行业领域已具备了较好的工业设计基础。以上海市的上汽集团和家化集团为例，前者的工业设计中心目前已拥有 80 多人的设计团队，在国内的汽车设计领域很有竞争力。2010 年 6 月，上汽集团投资了约 5000 万元人民币在英国成立了海外汽车设计中心；2011 年，上汽集团在自主品牌建设、新能源汽车产业化等方面取得突破性进展，推出了"荣威 W5"、新"MG3"等国内设计领先的新车型。而上海家化集团则在上海日用化工行业中名列前茅，该企业的设计中心团队约 40 余人，拥有创意设计师、结构设计师、材料开发工程师等不同分工的岗位设置。设计中心完成了公司诸多品牌的化妆品产品设计和开发工作，其中包括佰草集、六神、高夫、美加净、清妃、家安等已在国内拥有较高的品牌知名度，2011 年，上海家化集团的营业收入突破了 35 亿元，年度同比增长达到 15.6%。

从职业工业设计公司建设的情况看，与全国大部分地区发展水平良莠不齐的状况不同，上海市聚集了众多综合业务能力优秀的知名工业设计服务机构，如木马、侨中、指南、龙域等等。这些工业设计公司涵盖的业务类型广泛，不仅包括以方案设计为主的传统业务类别，也包括信息咨询、用户体验以及自主品牌生产等逐步升级的业务形态，并已普遍初具规模。包括木马、龙域在内的数家代表性设计机构在国内外屡获红点、IF、G-Mark、IDEA、红星奖等重要工业设计奖项。包括 IDEO、Frog、浩汉等在内的国际知名工业设计机构也相继将分部或办事处落户上海，从中折射出上海市工业设计产业发展的国际化特征。

4.3.2.3 上海市工业设计产业的政策构成与促进要点

1. 加强园区建设

在工业设计发展的载体建设方面，上海市加速引导工业设计在重点产业基地和工业园区的配套布局。2012 年，上海国际汽车城汽车研发科技港项目开工，被上海市经济和信息化工作委员会和联合国教科文组织创意城市推进办公室授予"上海汽车设计产业基地"称号，吸引了意大利宾尼法利纳汽车设计公司、美国优华劳斯汽车设计公司、菲亚特研发中心等知名汽车设计研发企业相继落户。与此同时，上海还打造了一批与工业设计相关的产业集聚区，在已认定的近 100 家与设计相关的产业集聚区中，形成了以工业设计为主题的上海国际工业设计中心，以时装设计为主题的时尚谷、上海时尚产业园，以家纺设计为主题的上海国际家用纺织品产业园等集聚区。此外，在以 8 号桥、

M50、尚街 Loft 为代表的文化创意产业园区中也集聚了众多工业设计企业。

2．拓展国际合作

上海市依托联合国教科文组织创建了"创意城市网络"平台，不断拓展与国际设计界的交流和合作，除积极参加"创意城市网络"年会及"设计之都"评比等活动外，上海市还积极邀请其他"设计之都"获选城市代表参加各类本地性的相关重大设计活动，如与奥地利格拉茨市（Graz）达成战略合作协议，共同建设"创意城市"信息交流平台等。2011 年，上海与意大利政府合作，在米兰召开"米兰·上海创意产业论坛"，促进了中意设计企业的商务合作，达成近 30 个设计项目的合作意向。

3．开展推广活动

近年来，上海市举办了一批具有广泛社会影响的国际性设计创意活动，包括首届设计之都活动周、上海国际创意产业活动周、上海国际室内设计节、上海设计双年展、上海国际时装周、中国时尚同盟发布、上海电子艺术节、上海国际电影节、CHINA JOY、上海国际艺术节等，增进了工业设计与创意产业等领域在国际间、区域间、企业间的交流合作，拓展了产业的整体规模与发展潜力，对于基础设施方面的建设也有较大帮助。

4.3.3　广东省工业设计产业调查与政策构成

4.3.3.1　广东省工业设计产业发展现状调查

广东省工业设计产业在 20 世纪 80 年代末开始起步，在与制造业相结合的总体进程中走在全国前列（童慧明，1998）。广东省工业设计"十二五"规划的统计数据显示，截至 2011 年年底，广东省职业工业设计公司超过 1000 家，占全国总数的 50%以上，4000 多家制造业企业设立工业设计部门，拥有超过 10 万工业设计从业人员，占全国总数的 20% 以上，全省的设计类研发投入总计超过 800 亿元，在全国处于领先水平。2011 年，广东省申请工业设计相关专利的授权量分别为 15.3 万件及 11.9 万件，同样居于全国前列。在集聚业态方面，广东省已建成的设计创意类产业园区达到 40 余个，省级设计公共服务平台 32 个，申请工业设计示范基地的单位达到 53 个，全国目前仅有的两家以工业设计为主题的国家新型工业化产业园区均坐落于广东，凸显了其工业设计产业发展重地的国家级定位。根据广东省政府 2012 年的一份分析报告显示，工业设计对广东省的经济增长贡献率已达到 28%，对基础产业的价值撬动比超过了 100 倍。在教育方面，截止到 2011 年，广东省已有超过 40 余所大专院校开设了工业设计学科，招生人数接近每年 4000 人，形成了由硕士、本科与高职学生构成的人才培养体系。其中，广州美术学院、广东工业大学、华南理工大学、汕头大学、深圳大学和中山大学 6 所院校拥有"设计学"的硕士授予资格。

另一方面，深圳市工业设计产业的发展近年来也十分引人瞩目。根据深圳市工业设计协会的统计，截至 2011 年年底，深圳市拥有各类工业设计相关企业近 5000 家，其中职业工业设计公司 500 余家，数量占广东全省近 60%。企业方面，在钟表、珠宝、服装等优势产业，以及安防、汽车、消费电子和新材料、新能源、新一代信息技术等高新技术和战略新兴产业领域的企业设有工业设计部门近 4000 个，全市在职工业设计师超过了 5 万人。2011 年，深圳市工业设计产业的年产值总计达 23 亿元（该数字仅针对职业设计公司范围进行统计），年度同比增长为 32%。职业工业设计公司的平均年产值为 218.2 万元，利润率接近 25%，为相关行业创造附加值超过 100 亿元。若将企业内的工业设计部门或企业下设的工业设计分支机构（例如海尔集团下设的海高设计制造有限公司等）计算在内，工业设计为其他相关行业创造的附加值已突破 1000 亿元。在职业工业设计公司中，76% 拥有不同比例的设计研发投入，2011 年平均研发投入占营业额的比例达到了 23%，56%的职业工业设计公司承接有境外设计订单，10%左右则聘请了外籍设计员工。具体业务方面，深圳市职业设计公司的主要服务对象 64%来自珠三角的制造业企业，其中重点承接消费电子、安防产品、智能手机等产品设计的公司比例超过 50%，而人机交互、用户体验等新兴设计业务也由于互联网和云计算等领域的兴起而得到广泛关注。

4.3.3.2　广东省工业设计产业的主体建设情况

从全省范围看，广东省的工业设计产业主体实则已由本世纪初的职业工业设计公司逐渐转移为品牌型制造企业，形成了以大型品牌企业进行自主设计、中小企业进行外包或直接购买设计成果、职业设计公司提供不同类型设计服务的工业设计产业化架构。以美的、TCL、康佳、创维等为代表的广东省大型品牌类制造企业，半数以上建立了隶属于各事业部的工业设计分支部门，承担了不同比重的自主设计研发业务，年平均设计研发投入也在逐年递增。

企业对工业设计引入力度的加大已使广东省相关知识产权的申请量快速攀升。2009 年，广东省工业设计相关专利申请总量约为 12.5 万件，授权量约为 8.3 万件，而到了 2011 年，上述两项数字已分别达到了 15.3 万件和 11.9 万件，设计知识产权的成果总量已连续 15 年处于全国领先。此外，粤港工业设计合作项目的建立，使得珠三角企业采购"香港设计"的比重占到后者设计服务业外包总量的 36%，广东省也成为香港设计服务业仅次于欧美的第二大采购市场。

从劳动力建设的情况看，除已提到的综合性高等院校外，工业设计的职业教育率先在广东得到推行，2010 年由广东省人力资源与社会保障厅主持创建的"广东工业设计培训学院"则是其中的一个典型。该学院以培训和提升学员的设计实践能力为目标，力争建设面向全国工业设计人才的职业培训基地，计划达到在校生年平均 3000 人的培训规模，针对工业设计以应用为核心的特性形成了对现有综合性高校办学模式的有机补充。

4.3.3.3 广东省工业设计产业的政策构成与促进要点

1．建立垂直的政策体系

广东省委、省政府在《关于争当实践科学发展观排头兵的决定（2008）》中提出建立具有广东特色的现代产业体系，促进工业设计在产业发展过程中的加速器作用，进而通过促进工业设计产业的发展带动"广东制造"向"广东创造"的加速转变。以上述省级政策为源头，包括深圳、佛山、东莞、南海等在内的地区也相继发布了工业设计产业指导政策，深圳市则陆续出台了《深圳市实施文化立市战略规划纲要（2004）》《深圳市文化产业发展专项资金管理暂行办法（2005）》和《关于加快文化产业发展若干经济政策（2005）》等相关政策文件，用以增强该市包括工业设计在内的文化类产业的核心竞争力；除此之外，东莞市制定了《东莞市促进工业设计实施办法》、佛山市出台了《关于促进顺德工业设计与创意产业发展的实施细则（2010）》与《佛山市关于促进和引导中小企业发展的指导意见（2011）》等多份政策文件，对于工业设计产业在本地区的发展规划进行了详细拟定，相比较广东省政府的纲领性文件，内容更加具体和细化。一套自上而下的工业设计产业政策规划体系已初步在广东省内形成。

2．建立地区推进模式

广东省工业设计协会在回顾本省 30 年工业设计发展历程的报告文件中，将该省工业设计的产业化进程归纳为"提—拉—转—引"的综合推进过程（见图4.1），其具体的含义为：提，即提升价值创造能力，增加产品的附加值；拉，即设计师通过具体的企业化应用将工业设计从院校象牙塔中拉下来，从而与当地制造业的实际需求相匹配；转，即吸引国际和港澳台地区的工业设计企业，进而实现现代服务业的转移；引，即通过政府主办的各类设计活动，推动工业设计在政、产、学、研等领域的结合，建立各级设计公共服务平台。该省工业设计产业的高速发展与其清晰的推进主线密不可分。

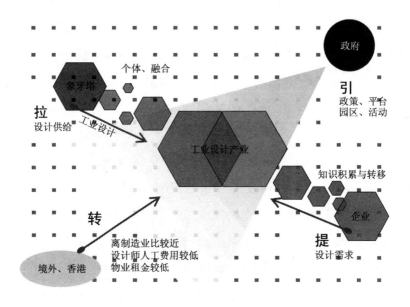

图 4.1　广东省工业设计产业政策促进思路

（信息来源：广东省工业设计"十二五"规划申报材料）

3. 举办各类推广活动

广东省的工业设计推广活动由于省内制造业企业的庞大体量而络绎不绝。除"广州工业设计周"等交流类活动外，大量工业设计相关的评奖活动是其产业推进的一个重要助力。如广东省经济和信息化委员会与广东省工业设计协会联合举办的"省长杯工业设计大赛"、广州市政府主办的"红棉杯工业设计大赛"、广州工业设计促进会主办的"广东高校工业设计联赛"、深圳市政府主办的"市长杯设计大赛"、东莞市政府主办的"东莞杯工业设计大赛"、佛山市顺德区主办的"顺德工业设计大赛"及中山小榄镇主办的"家电产品设计大赛"等竞赛评奖活动,较好地发挥了政府、行业与企业各自在工业设计产业化发展中的推动作用。

4．建立人才评定机制

人才评定机制是广东省工业设计产业政策中的一大亮点。2008 年 12 月,广东省人力资源和社会保障厅、人事厅、经济和信息化工作委员会及总工会联合主办了工业设计职业技能大赛与首批广东省工业设计师职称评定工作,此举从机制层面有效地促进了工业设计从业人员的综合素质与技能水平的培育,同时也是国内首次开展的工业设计人才资质评定工作,对于推动广东省乃至全国的工业设计人才体系建设均有着重要价值。

4.3.4　湖南省工业设计产业调查与政策构成

4.3.4.1　湖南省工业设计产业发展现状调查

根据调查情况,截至 2011 年年底,湖南省拥有职业工业设计公司的规模在 20 家上下,无论数量或设计业务量等都无法与长三角、珠三角以及环渤海地区相比,但这些工业设计公司却普遍与当地的制造业企业业务联结得十分紧密。湖南省在装备制造业等重工业领域拥有突出的自身优势,然而受限于相对封闭的制造生产流程,工业设计的植入进程是十分缓慢的。目前,湖南省包括三一重工、长丰集团在内的几家品牌型装备制造业企业先后建立了自身内部的工业设计部门,但总体而言,工业设计业务在绝大多数湖南省制造业企业当中仍处于被高度整合状态,缺少自身的独立性,工业从业人员所占企业员工总数的比例也比较小。在年龄结构方面,30 岁以下的设计人员约占到设计人员总量的 75% 以上,具有五年以上企业工作经验的设计人员尚不到总量的 20%。教育方面,湖南省的工业设计人才培养体系日趋完善,成为当地工业设计产业发展中的一大亮点,湖南大学等大专院校每年培养出的工业设计从业人员已达到 300 余人。目前，湖南省经教育部批准正式设立工业设计学科的院校有中南大学、湖南大学、湘潭大学、湖南科技大学、湖南工业大学等近 10 所，其中的 4 所高校具有工业设计专业的硕士学位授予权，2 所高校具有博士学位授予权。

4.3.4.2 湖南省工业设计产业的主体建设情况

从企业建设的情况看，湖南省近年来已开始在工程机械与汽车、轨道交通等领域广泛尝试借助工业设计用以提升产品的差异化程度和综合品牌竞争力水平。在工程机械领域，如三一重工、中联重科、山河智能等企业近年来投产的产品中已明显提升了工业设计的要素比重，在造型、功能乃至原型机方面都有了不同程度的设计创新，提升了产品在中高层次消费市场以及国际市场中的整体竞争力，涉及的产品类别涵盖了混凝土机械、路面机械、起重器械、土方机械、环卫机械、桩工机械等内容，工业设计则重点在新概念开发、外观样式、驾驶室人机优化以及环保等方面发挥功效。此外，在交通装备制造领域，包括长丰集团、北汽福田、株洲电力机车、同心实业等企业也开始逐步将工业设计作为独立的产品研发环节，工业设计从业人员的数量在整体稳定的基础上逐年增加。以装备制造业为代表的一批重工业企业逐步在产品开发中融入明确的工业设计创新流程，是湖南地区工业设计产业发展的一个显著特征。

除工程机械与交通装备制造外，轻工产品领域和产品包装领域也是湖南省政府规划该省工业设计产业的两个重要增长点（详见《湖南省工业设计创新平台发展规划 2007—2010》相关内容）。在轻工产品方面，长沙的家装家具行业、醴陵的陶瓷行业以及益阳等地的服装行业成为工业设计涉足较广的领域，同时也包括了消费电子及 IT 产品、玩具、文化用品等相关行业；在产品包装方面，除轻工行业的包装需求外，湖南还拥有如长沙印刷包装科教产业基地以及望城印刷包装科技工业园等在内的包装产业集聚区。从湖南省工业设计创新平台的整体规划方案上看，省级政府将着力引导省内企业加强产品包装的设计创新与应用，力争每年推出 20～30 个优秀的包装设计作品，进而将包装领域建成省内工业设计产业化发展的全新增长点。

劳动力培育是湖南省工业设计产业的比较优势之一，人才储备与教学体系相比全国大部分省份而言更加系统和完善。包括中南大学、湖南大学、湖南工业大学、湘潭大学、湖南科技大学等在内的近 10 所高校先后设置了独立的工业设计学科，在工业设计的教学与科研等方面也颇具自身特色，设计教育的社会影响力因其在师资、学生素质以及作品质量等方面的多年积累而位居国内领先水平，并在近年来开始迅速向国际范围拓展，构成了湖南省工业设计服务体系与产业发展的重要基础，如湖南大学作为国内最早设立工业设计学科的高校之一，于 2007 年成为美国商业周刊网站（BusinessWeek）评选的全球 60 所顶尖设计院校中的一员。湖南大学建有国内领先的设计艺术与技术实验中心、人机工程研究中心和创意摄影中心，并且在汽车车身造型设计与研发领域跻身国家重点实验室行列。2012 年 6 月，湖南大学设计艺术学院受中国科技部、意大利科教研究部以及中意设计创新中心委托，主持创作的"桥——中国设计创新展"及其"设计未来主题区"在享有盛誉的"意大利米兰设计三年展"中亮相，与中国工业设计红星奖获奖产品在内的众多展品共同促成了中国工业设计产业化成果首次以主角身份跻身国际顶尖设计创新类展会，在推进产业的国际化发展方面具有重要意义。除湖南大学外，中南大学、湖南工业大学等高校的工业设计教育也具备较强的综合实力与软硬件设施配置。从具体的就业情况看，由于与工业设计关系密切的消费类电子、家电以及数字信息产业并非湖南省经济结构中的优势产业，因而工业设计教育所输出的劳动力外流现象十分明显。

4.3.4.3　湖南省工业设计产业的政策构成与促进要点

1．搭建工业设计创新平台

湖南省政府自 2007 年起着手开展"湖南省工业设计创新平台"的总体建设工作，力图通过设计资源的平台化集聚，重点针对包括交通装备制造、工程机械、轻工与产品包装等在内的优势领域实施工业设计创新机制，进而促进全省工业产品创新水平的整体提升。"湖南省工业设计创新平台"重点聚焦在三个方面开展工作：一是突出工业设计在自主创新中的作用、构建产学研紧密合作的工业设计创新机制；二是促进优势产业的设计融合，形成以产品创新为核心，以行业设计中心、公共技术服务平台和创意设计产业园区为载体的框架结构，在"十二五"初期建成湖南省工业设计创新体系（见图 4.2）；三是扩大产业规模，培育工业设计相关企业 150 家以上，专业工业设计从业人员 1000 人以上，将全省工业设计产业的年产值提升至 50 亿元。总体而言，工业设计创新平台的建立为湖南省工业设计产业的发展提供了有力的规划保障，也体现出湖南省政府在促进工作中的独特思路。

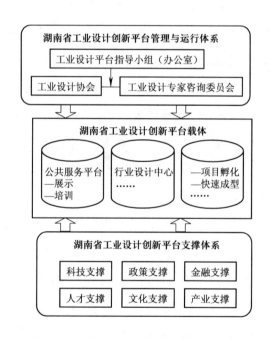

图 4.2　湖南省工业设计产业创新

平台机制示意图

（信息来源：何人可．湖南省工业设计创新

平台建设．2007 中国科协年会论文集）

2．组建行业设计中心

行业设计中心是湖南省工业设计产业发展规划中的"产学研"合作载体，用以在数字化造型设计、人机工程与仿真设计以及快速设计制造一体化等方面加强企业与外部设计力量的联合，形成优势互补效应。这些行业设计中心具体包括：依托湖南大学与北汽福田的校企联合项目组建的交通装备工业设计中心，依托湖南大学、中南大学与三一重工、中联重科的校企联合项目组建的工程机械工业设计中心，依托湖南科技大学、长沙理工大学与省内家电、服装企业联合组建的轻工产品工业设计中心，以及依托湖南工业大学和省内大中型包装企业联合组建的包装设计中心等。上述行业设计中心的建立在一定程度上得以将湖南省的工业设计教育优势面向生产领域进行转化，有助于促进"产学研"协同设计创新机制的形成。

3．组建公共服务中心

湖南省工业设计公共服务中心以该省生产力促进中心为依托进行建设，在技术共享、展览展示以及人员培训等方面发挥不同类别的公共服务职能。从实际的运行情况看，湖南省工业设计公共服务中心现阶段具体对接政策咨询、成果展示、信息平台、委托交易、技术交流、协会活动、法律保障等七项公共服务内容，使企业在针对工业设计的应用方面获得了不同角度的支持。

4．形成综合管理体系

为保证工业设计创新平台的建设实施，湖南省成立了工业设计创新平台建设领导小组，负责规划与管理平台具体建设过程中的各项推进工作。领导小组由湖南省科技厅牵头，省经济和信息化工作委员会、财政厅、教育厅作为成员单位进行工作协助，加之进一步通过成立湖南省工业设计专家委员会用以融合湖南大学、三一重工等校企管理人员，从而在领导小组内部形成了多元化的综合管理体系。2007 年 6 月，时任湖南省委书记张春贤提出"发展工业设计，加快新型工业化步伐"的政策号召，以此为基础，湖南省工业设计产业化的建设进程开始逐步与该省的新型工业化战略接轨，在技术配置与课题申报等方面获得了不同程度的政策支持，为全省工业设计产业的快速发展与特色发展提供了有力的支撑条件与政策环境。

4.3.5　四川省工业设计产业调查与政策构成

4.3.5.1　四川省工业设计产业的发展现状调查

四川省政府于 2006 年提出了"工业强省"战略，意在通过工业结构的优化与相关产业升级，带动该省经济实现跨越式发展，这一战略导向为四川省工业设计产业提供了重要的成长空间。2010 年前后，四川省工业设计相关企业的数量已初具规模，职业工业设计公司的数量也已达到百余家水平，大中型企业中的工业设计部门纷纷设立，如长虹集团、全友家私等企业的工业设计能力已在相应领域中处于国内领先地位。根据《四川省"十二五"工业设计产业发展规划》中的统计数据显示，四川省工业设计产业已在 2010 年实现产值已过亿元，在中西部地区处于绝对领先。与此同时，各类工业设计产业园区的发展也十分迅速，如成都红星路 35 号等园区的运营模式与企业特色让人印象深刻。教育方面，四川省目前已有近 10 所高校开设了工业设计专业，人才储备水平同样在中西部地区优势明显。其中四川大学、西南交通大学等高校的工业设计教学与科研能力即使在置于全国范围中也很具有自身特色。

4.3.5.2　四川省工业设计产业的主体建设情况

从企业建设的情况看，四川省虽然在应用工业设计的企业数量与类型上无法与北京、上海、广东、浙江等地相比，但以长虹集团等为代表的几家行业领军型企业对于工业设计的导入与融合却由来已久，在如何合理运用工业设计促进企业创新能力提升方面的认知已逐渐深入到品牌战略与产品体系层面，相应的设计基地与设计实验室陆续成立，其中长虹集团也凭借设计研发体系建设与相应的技术实现保障在 2011 年被中国工业设计协会评选为"年度中国工业设计十佳创新型企业"。

在职业工业设计公司的建设方面，我们可以通过两家设计服务能力较为突出且管理相对规范化的公司作为侧面加以考察。一家是中西部地区成立最早的成都拓成工业产品设计有限公司，该公司率先提出"以最优制造方式为向导、引领产品创新设计"的设计服务理念，发展至今已拥有一支比较完整的设计研发团队，其中包含有港台地区及国外的设计师作为顾问。另一家是 2007 年成立的成都意町工业设计公司，从业人员由品牌、外观、结构、模具设计工程师组成，2007 年公司旗下的产品设计方案获得德国红点设计奖，2008 年获得三项中国创新设计红星奖，并获得"中国创意产业高成长企业 100 强"的称号。2009 年至 2010 年间，成都意町工业设计公司再次获得七项中国创新设计红星奖，并于 2011 年收获了德国 IF 产品设计大奖，成为四川地区唯一一家拥有三项国际顶级设计奖项的本土企业。

从劳动力建设的情况看，四川省目前已有近 10 所高校开设了工业设计专业，每年总计为社会输送本科、硕士及博士毕业生超过 200 人，人才储备和培养体系在中西部地区处于领先位置。以四川大学为例，该校已建成初具规模及软硬件配套水平的工业设计实验室，工业设计系经过多年的积累已具备了较强的科研与教学水平，在产品造型设计、产品结构设计、计算机辅助设计、形态学、现代集成制造系统、CAD 应用开发等领域建立了显著的学科特色。2008 年，由四川省工业设计师联合会发起，四川大学、西南交通大学、西华大学等多所高校以及 30 余家设计企业共同参与的"四川设计力量高校行"巡展活动举行，进一步使工业设计教育走出院校并深入至社会层面，起到了积极的推广与宣传作用。

4.3.5.3　四川省工业设计产业的政策构成与促进要点

在中国工业和信息化部发布《指导意见》的一个月后，四川省经济和信息化委员会印发了《关于加快四川省工业设计产业发展的指导意见》，结合地区经济发展特征，针对"十二五"期间四川省的工业设计产业发展进行了总体规划，要求四川省在"十二五"期间力争建设100家省级企业设计中心，获得工业设计授权专利2000项以上，创造相关就业岗位2万个以上，打造5～10家工业设计示范基地，并将成都市打造成为国家级工业设计示范区，以此为基础形成"四川设计"的立体化品牌体系。从促进要点上看，四川省政府强调在发展工业设计产业的过程中重点强化五个层次的建设，分别为：优化空间布局、加强产业集聚、健全人才体系、提升技术能力与健全产业生态等，这几个建设层次也在后来的辽宁、山东、福建等地的工业设计产业规划文件中得到了一定借鉴。

4.4　中国工业设计产业的演进原理分析

从中国工业设计产业的具体发展情况看，进入21世纪以后，产业的整体增势迅猛，短短十余年间已经在规模体量与政策力度上形成了双重比较优势。通过走访研究以及相关文件的统计情况来看，在规模化方面，截止到2011年年底，中国工业设计产业的三大产业带、五个主要增长区域的格局已初步形成。工业设计相关企业已超过6000家，职业工业设计公司已超过2000家，全国工业设计从业人员近50万人，国内开办工业设计专业的大专院校已超过500所。在政策规划上，全国发布工业设计指导政策的省份已达到13个。就上述数据而言，我国已然成为了全球工业设计产业大国。

然而在调查过程中发现，国内制造业企业在业已庞大的工业设计产业规模中，对于工业设计的应用比例仍处于较低水平。大部分制造业企业，特别是中小型制造业企业虽然在全球化的国际竞争新格局中面临创新转型的巨大压力，但受限于自身已经相对固化的生产流程，以及对于应用工业设计在预期收益方面的疑虑，因而在没有外部资源支撑的情况下普遍避免主动性的工业设计创新。

相对于英国、日本等国家在工业设计产业促进政策中较多存在的针对企业与国家资源的对接性、中介性实施方案而言，国内工业设计产业的政策规划在条款设置上对于制造业企业应用工业设计的信息服务、产权保护、投融资渠道等市场机制建设方面还显得较为欠缺。制造业企业无法借助产业规模与政策体量在工业设计的应用方面受益，是当前中国工业设计产业发展中的一个重要现实。

尽管政府采取生产集聚式的方案实施建设，但国内工业设计产业的市场集中度却很低。从产业内的企业生存状况与业务类型来看，中国工业设计产业在规模化与战略化高速发展的同时，企业间的工业设计竞争无论在思路、手段或工具方面仍普遍停留在较浅层面。对于工业设计产业这一市场经济下的产物而言，国内工业设计的市场体系还基本不具备市场自身的调节力量，企业的竞争仍在不受市场机制约束的状态下进行，这与中国工业设计产业的演进源于制造企业转型危机的形成机理直接相关，因而致使国内制造业企业在对于工业设计的深层次应用方面表现出明显的被动性。

4.5 本章结论

中国工业设计产业的优势效应无法向产业效能进行有效转化，这种现象与制造业危机驱动所导致的整个产业的市场化不充分、基础设施不健全等因素直接相关。就发展思路而言，国内工业设计产业应努力定位主体特征，发挥自身优势，通过对接国家发展战略，借助与其他相关产业的融合发展和协同进步带动自身的市场化体系与基础设施建设，力争形成兼具逻辑发展规律与自身特色的中国工业设计产业发展道路。

第5章 工业设计产业的逻辑组织结构

"创新性""突破性"工业产品遭遇的产出困境是中国工业设计产业发展的一个侧面，这一原因应置于更深层次的产业结构中去寻找。产品不仅仅是企业的生产成果，也是产业资源结构的载体。对于阶段性演进的研究使产业的发展逻辑得以建立，但缺少结构性的认识将难以对产业形成高效的规划。对于我国而言，由于工业设计产业的服务对象集中于实体制造业，这意味着其发展将触及我国工业经济的命脉，因而对其深层次的逻辑性、结构性认知将关系重大。

中国工业设计产业在 21 世纪的十余年间得到了快速发展。不论政策推进力度、企业增长速度或是教育规模等方面的进步，都是全球任何一个工业化国家在产业化发展中不曾经历的。然而这种演进又呈现着明显的被动发展与危机驱动特征，整个产业尚处于被其他产业的高度整合之中，主体意识还比较薄弱。

迄今为止，中国国家统计局尚未对工业设计产业进行分类，庞大的产业规模呈现出一种秩序匮乏、混沌发展的局面。不仅产业中的工业设计相关企业在自身的生存状态与创新能力上成长缓慢，工业设计从业者由于缺少职业评定等相关制度性保障，劳动回报相比于劳动强度和贡献而言也总体处于较低水平，因此流失现象十分严重。我们已在前面提到，截止到 2011 年年底，全国开办工业设计专业的院校已超过 500 所，已有约 10 万名在校生。然而倘若当前这种高培育与高流失的从业局面一直持续，"玻璃天花板"似的供求性矛盾还将进一步拉大。

另一方面，作为工业经济的主体，目前中国的制造业比重约已占到世界总量的 1/5，实体制造业已占到世界总量的 1/3，然而其总体仍处于国际分工和产业链的中低端，呈现"高投入、高消耗、高污染、低附加值"等"三高一低"的发展特征。随着全球化规则的渗透和消费结构的文化性变迁，中国大规模的实体制造业将迎来创新转型需求的最强期，这一背景与第三产业占国民经济主体地位的发达国家相比有很大不同，因此工业设计产业建设不能盲目跟从其他国家已有的路径和经验，适度借鉴与探索自身的成长道路将是唯一选择。这更加要求我们对于产业自身要有深层次的结构认知，进而避免资源浪费，实现与实体制造业需求的高效对接。

5.1 工业设计产业在国民经济中的定位

如何对工业设计产业内的企业进行分类是讨论工业设计产业结构的基础，因而有必要首先考察工业设计产业在整个国民经济中的定位。从宏观上看，三次产业分类是当前各界普遍共识的国民经济分类思路。20世纪中叶，英国统计经济学家 Clark（*Petty-Clark Theorem*，1940）在继承 Fisher（1928）观点的基础上，将全部经济活动划分为第一产业、第二产业和第三产业[①]。产品直接取自自然界的部门称为第一产业；对初级产品进行再加工的部门称为第二产业；为生产和消费提供各种服务的部门称为第三产业。近年来，随着文化创意产业和知识经济等虚拟经济的出现，流通结构上的差异开始显现，因而部分学者提出了第四产业（Naisbitt，1990）和第五产业（日下公人，1987）等概念。出于共识性考虑，我们在此仍以三次产业作为国民经济的宏观划分依据。

从产业定位的国际经验来看，工业设计在国际标准产业分类体系

---

① Petty-Clark Theorem（配第一克拉克经济法则）的简要含义是：随着经济的不断发展，产业中心将逐渐由有形财物的生产转向无形的服务性生产，工业比农业、商业比工业的利润要多得多。因此劳动力必然由农转工，而后再由工转商。即随着经济的发展，就业结构的中心将从第一产业向第二产业，再向第三产业转移。在对"第三产业"这一概念的界定和延伸方面，后来的学者们有诸多不同意见，但目前学术界一般以"配第一克拉克法则"作为三次产业的划分标准。

（ISIC）中作为服务业（第三产业）的一个具体分支存在。在英国标准产业分类（SIC2003）、欧盟经济活动统计分类体系（NACE）与国际标准产业分类体系（ISIC）之中都有相应的分类代码，但这些分类多以工业设计的工作对象或工作方法等专业角度进行划分，在产业分类方面的参考价值比较有限。

　　例如，英国标准产业分类中存在一个明确的"工业设计咨询"及"医疗与工业领域设计"类别，代码为 74.20/5，而其他一些设计活动，如印刷设计（*printers' designing*）、网页设计、工程设计、浴室设计、展览设计等被单列为不同的产业类目，并有相应的数据统计。这份分类体系中另有一个"专业设计活动"类目，代码为 74.87/2，具体包括时尚设计、内部装修设计和图册设计。中国国家统计局在《文化及相关产业分类（2012）》中的工业设计定位对此有一定的借鉴。

　　美国工业设计的定位和统计工作由美国专利局（USPC）负责实施。USPC 的设计分类清单提供了一个美国设计专利的框架结构，对工业设计进行分类的依据是基于产品功能或者工业设计所透露出的设计者意图，并以数值形式体现在设计专利当中。尽管每个独立的设计会被应用在不同的环境下，但拥有相同功能的工业产品通常会被划分为同一工业设计类别。

　　日本则将本国的工业设计领域划分为"设计业"和"机械设计业"两个组成部分。日本总务省统计局对设计业的定义为：与工业制品的造型与装饰制作相关，以提升售卖为目的，对工业制品的用途、材质、制作方法、形状、色彩、纹样、配置、证明等方面进行设计业务的行业。对机械设计业的定义为：以机械、电气工学作为基本创意，通过设计决定机器的物理实体构造、对机器制造进行企划与研发并提供工程可行性的行业。相比较而言，日本工业经济在 20 世纪的高速增长时期由于结构上与我国当前阶段有诸多相似之处，因而其对于我国工业设计领域在工作对象角度的分类具有一定的参考价值（见表 5.1）。

表 5.1　日本工业设计业的工作对象分类（专业视角分类）

A	Processed food and Favorite Goods	加工的食品和流行的商品
B	Clothing and Personal Goods	衣物及个人用品
C	Goods for Daily living	日常生活用品
D	Housing Equipment	家居设备
E	Hobby and Recreational Goods and Athletic Implements	业余爱好和娱乐用品及运动员装备
F	Office Supplies and Merchandising Goods	办公用品
G	Transport or Conveyance Machines	运输、输送工具
H	Electric and Electronic Machinery and Instruments, Communication Machinery and Implements	电气和电子机械，仪器仪表，通信机械及器具
J	Common Machinery and Instruments	常用机械和仪器
K	Industrial Machinery and Instruments	工业机械和仪器
L	Supplies and Equipment for Civil Engineering and Construction	土木工程及建筑用品和设备
M	Various Basic Products Which do not belong to A to L Groups	不包含在 A 到 L 中的基础产品
N	The Article which do not belong to Other Groups	其他

注：资料来源于日本总务省统计局官方网站。

中国国家统计局综合了《国民经济行业分类》（GB/T4754—2011）以及联合国教科文组织的《文化统计框架 2009》两份文件，在 2012 年 7 月公布了最新修改的《文化及相关产业分类》，新增"文化创意和设计服务""工艺美术品的生产""文化产品生产的辅助生产"三个大类。其中，"专业化设计服务"归属于第五类"文化创意和设计服务"中的第四小类，国民经济行业代码是 7491（见表 5.2），专业代码为 N98。工业设计在这份最新的文件中仅作为一类专业技术性服务存在。

表 5.2　工业设计在我国《文化及相关产业分类 2012》中的位置（专业视角分类）

（四）专业设计服务				
专业化设计服务	7491	其他专业技术服务	7690	新增行业，原 7690 部分内容调到此类

注：资料来源于中国国家统计局官方网站。

不过，2010 年 7 月中国工业和信息化部发布的《关于促进工业设计发展的指导意见》对上述思路却并未完全采纳，该意见从产业角度对工业设计进行了较为详细的发展规划。

上述国内外案例表明，工业设计当前在国民经济中的定位尚不尽相同，这与不同国家的宏观产业环境、三次产业比重与主导产业设置等方面密切相关，也给工业设计产业的分类工作增加了一定难度。

5.2　工业设计产业的分类方案

由于工业设计产业属于新兴业态，其二元价值结构使之既不能完全依照制造业以产品种类为依据进行分类，也不能完全依照文化创意产业以创意概念的线性增值为依据进行分类，因而需要拟定全新的分类思路，以此作为解读产业结构问题的基础。我们通过与中国工业和信息化部、中国工业设计协会和地方工业设计协会的配合，在对国内外相关内容进行借鉴的基础上，根据拟定的分类原则提出三种分类方案作为进行产业结构分析的选择。

5.2.1　工业设计产业的分类原则

1．对国家现有分类情况予以研究和借鉴

以《国民经济行业分类》（GB/T4754—2011）、2012年《文化及相关产业分类》与2010年《国务院政府工作报告》中的"七大生产性服务业"为基础，根据文化及制造业相关单位生产活动的特点，将行业分类中相关的类别重新组合。

2．兼顾管理需要和可操作性

根据国内工业设计产业的发展实情，分析工作将在考虑工业设计生产活动特点的同时，兼顾政府职能部门的管理需要，致力于提出简洁、明确的分类标准。考虑到具体的类目划分，我们仍将立足于现行的统计

方法，主要仅针对统计思路进行创新。

3．对国际相关分类标准进行产业视角的提炼

借鉴与工业设计专业、行业相关的国际分类经验，如：《洛迦诺协定（*Locarno Classification*）》、联合国教科文组织的《文化统计框架—2009》、国际标准产业分类体系（ISIC）、欧盟经济活动统计分类体系（NACE）以及英国标准产业分类（*SIC*2007）、美国专利分类体系（USPC）等在内的分类方法，参考工业设计的内涵与价值结构，在覆盖范围上尽可能做到与其衔接。

5.2.2 以生产主体为标准进行分类

第一类：**工业设计应用企业门类**。指应用工业设计进行产品生产的企业，以制造业企业为代表，如联想、海尔等品牌型制造业企业。

第二类：**工业设计服务企业门类**。指提供独立工业设计服务的企业，以职业工业设计公司为代表，如嘉兰图、浪尖、指南、侨中等职业工业设计公司。

第三类：**工业设计协作企业门类**。指通过协作生产方式组织工业设计生产的企业集群，以工业设计园区、工业设计协作网络为代表，如北京 DRC 工业设计创意产业基地、广东工业设计城等。

第四类：**工业设计院校、科研院所和促进机构门类**。指非经营性但直接或间接参与工业设计价值创造的机构，以设置工业设计学科的各类院校、工业设计行业促进机构等为代表，如综合性大专院校、中国工业设计协会等机构。

5.2.3 以生产内容为标准进行分类

第一类：**以实体类产品设计为中心的企业门类**。指以工业实体类产品的设计为主要业务的企业，如消费电子类产品（手机、电脑等）、家电类产品（冰箱、洗衣机等）和交通工具类产品（电动车、汽车、火车、船舶、飞机等）等。

第二类：**以信息类产品设计为中心的企业门类**。指以数字信息类产品的设计为主要业务的企业，如用户认知设计、用户体验设计、人机交互设计以及各种需要人机交互的数字化产品类设计和相关的技术服务等。

第三类：**以产品服务系统设计为中心的企业或机构门类**。指进行产品服务系统整体设计的企业或机构，如承担公共租赁系统设计、共享社区设计的部门等。

第四类：**以制定国家或地区设计战略为中心的机构门类**。指参与国家或地区设计战略与设计政策规划的相关机构，如工业设计政府办公室、大中型工业设计科研院所、各级工业设计协会等机构。

5.2.4　以生产对象为标准进行分类

第一类：**为企业提供工业设计服务的企业门类**。指通过提供工业设计技术服务直接促成企业经济效益的企业，如职业产品设计类企业、交互设计类企业等。

第二类：**为产业、行业提供工业设计服务的企业门类**。指通过提供工业设计咨询服务使产业或行业间接受益的企业，如侨中、乔治亚罗等设计咨询类企业。

第三类：**为政府提供工业设计服务的机构门类**。指通过提供工业设计的战略性、政策性建议，协助国家或地区政府实施有关产业规划的机构，如国家级工业设计研究院、大专院校中的工业设计研究所等。

出于减少连带的考虑，我们综合以上三种分类方案，选取"生产主体"分类作为产业结构的切入路径，将工业设计产业在生产层面依据上述研究划分为：①工业设计应用企业门类；②工业设计服务企业门类；③工业设计协作企业门类；④工业设计院校、科研院所和促进机构门类。

针对国内工业设计产业建设的具体开展情况，我们将提取前两类作为生产主体在后续章节予以进一步深入分析。

5.3 工业设计产业链与产业增值机理

由于选取生产主体切入产业结构的考察，因而有必要对生产后续环节进行一定的论证，从而构成价值流动的完整路径，得到全局视角下的产业结构。我们以"产业链"（*industrial chain*）作为针对该问题的研究对象。

5.3.1 工业设计产业链

根据 Hirschman（1958）的早期定义，产业链的本质"用于描述一个具有某种内在联系的企业群结构，包含价值链、企业链、供需链和空间链四个维度的概念。产业链中大量存在着上下游关系和相互价值的交换，上游环节向下游环节输送产品或服务，下游环节向上游环节反馈信息"。在国内外研究比重上，国内学者对于产业链的研究比较普遍，一种有代表性的新意见是：产业链是同一产业或不同产业的企业，以产品为对象，以投入产出为纽带，以价值增值为导向，以满足用户需求为目标，依据特定的逻辑联系和时空布局形成的上下关联的、动态的链式中间组织（刘富贵，2006）。西方国家（以美国为代表）对于企业在产业间的相互关系上，则侧重"供应链"（*supply chain*）的研究。一些学者认为"供应链"是"产业链"之中的一条内含链，也有西方学者不认可"产业链"这一提法。出于国内领域的共识，本研究将沿用"产业链"这一概念对产业间的部门布局、供给与增值关系进行分析。

在工业设计产业链的研究方面，Walker（1990）、Florida（2004）、王晓红（2005）、柳冠中（2007）、王辉（2009）等都曾提出过相关意见，这些意见普遍围绕着供给问题展开，主要包括从设计概念生成直至消费的若干环节（见图 5.1）。就一致性内容看，涉及"概念 —— 开发 —— 设计 —— 验证 —— 实现 —— 消费"等步骤，在布局问题上，则侧重"制造企业 —— 设计公司 —— 科研院所 —— 中介机构 —— 政策部门"等环节。张梅青、王稼琼、靳松（2008）从创意产业角度研究了工业设计产业链的三点特性：①内容创造的高盈利性：工业设计产业是知识密集型产业，内容创造构成了工业设计产业核心竞争力的重要部分，是产业链的高利润区。②盈利存在不确定性。③顾客需求的决定性：在供过于求的市场环境中，市场的权力结构正在发生变迁，市场权力开始从过去的厂商，过渡到后来的渠道（销售商），直至现在的顾客手中。

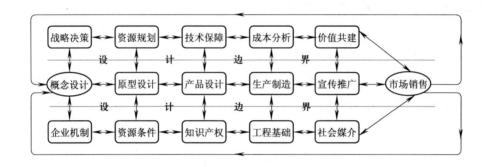

图 5.1　工业设计产业链示意图

[说明：基于 Clark & Guy（1997）、Evans & Powell（1982）、Walker（1990）、
柳冠中（2009）、李昂（2011），内容有修改]

虽然在产业链研究方面没有过多分歧，然而产业链所涉及的部门供给关系还不足以描述产业运行的效率与价值实现的过程。在布局研究与供给研究的基础上，产业的增值机理对解析产业结构而言将十分重要。针对工业设计自身的二元价值结构，我们将对其在产业中的流动与变化过程做进一步的讨论，而后将结合分类研究提炼其完整的产业结构。

5.3.2　产业增值机理

从工业设计的价值在产业间的流动情况看，寻求阶段性的增值是其在不同阶段和不同机构层面上的主要目标。"产业链"虽然表述了产业间各类企业之间的供给关系，但这种供给关系的合理性以及相互之间的比重还需要进一步以价值增值角度加以讨论和检验。

由于对应用企业而言，工业设计属于一种"预期收益型"的活动，是否将其纳入成本范畴或对其实施投资，需要一套较为合理的评估机制。不可否认，工业设计的生产资源整合职能使其能够将企业原有的技术、知识、原材料等资源内容在知识经济下转化为新的价值，特别是深层次的设计，如"产品原型设计"或"产品服务系统设计"等，能够使这种"资源价值化"的职能发挥得更加充分。但对于一般企业来说，应用工业设计的过程中隐含着对企业"原有产品专用性资产"进行调整的风险（Slack，2007）。这种风险进一步意味着，在没有明确收益前景和市场机制参考的情况下，工业设计创新将很有可能使自身承担时间、精力和财富上的损失。虽然这种矛盾在设计师个体层面很容易解决，但对于以生存、盈利为中心的企业经营性活动而言，在没有实力保障或外部机制支撑的情况下，工业设计的应用过程综合来看就显得成本较高。

对于以知识经济为特征的无形化价值而言，一个相对发达的市场环境将发挥重要作用。一方面，知识产权等保障性机制能够使企业竞争处于相对公平的层面，抑制模仿、抄袭等不法行为；另一方面，共性平台、投融资渠道等服务性机制则有助于分担企业实施创新的成本，增强企业创新的积极性。

工业设计产业具有明显的知识经济特征，其价值得以被生产以后，将进入一个由各级市场组成的流通环境。如果这是一个机制相对完善的市场，相关的路径、权力（产权）、外来准入约束等问题能够得到保障，则设计价值在其中的演进是一个不断趋向增值的过程，这一增值过程的实现一方面来自设计方案自身的稀缺性、差异性受到保护所造成的"优势效应"（Madsen & Brownstein，2007），另一方面也在行进过程中接受各级市场直接或间接的投资，这种投资既可能是经济领域的投资，也可能是社会或政策领域的投资，如政策扶持的有关环节等（见图 5.2）。一个成本只有 1000 余元人民币的苹果四代手机（iPhone 4S）在售价方面却能够达到其成本的数倍，这并非仅仅源自其足够优秀的设计和单一的知识产权因素，而是一个更大的、多层次的市场经济系统集体作用的结果。

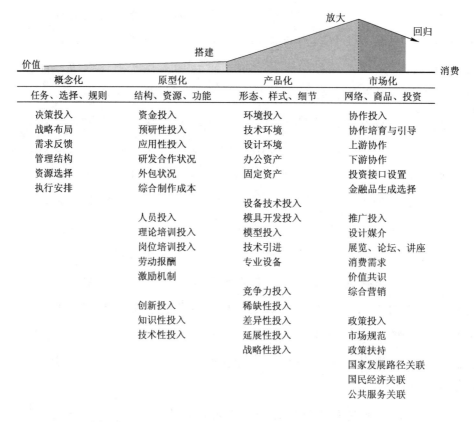

图 5.2　工业设计的价值在产业间的运行与增值过程

（说明：该价值仅指与市场价格相关的经济价值，不包括如
"教育意义"等社会性价值）

工业设计的价值自生产进入流通领域后，最先接触的一般是一个由上游企业构成的市场，如工业设计应用类企业构成的市场，或产业链上游企业构成的市场，这些企业将工业设计的价值和自身产品进行整合后，再投放至终端市场进行消费。如果在这一过程中有资本市场的参与，将形成若干评估和投资的过程。

作为以资源整合为实施路径的二元价值类型，工业设计对企业的意义相当于一类"吸附性结构"：它使企业的生产资源依据设计选择进行配置，由于这类配置不以生产的逻辑为核心，因而对企业而言难于把控，特别是对于深层次的设计而言，更是如此。这一点与线性增值的创意价值或技术价值有本质的差别。

因此，工业设计的价值构建在一个缺乏机制建设，相关权力的保障性、约束性都尚显不足或缺失的初级竞争形态的市场中，在性质上将很难上升到更高的层面，企业的规模化效应也无法使这种局面得到本质的改善 —— 对于中国工业设计产业而言，市场机制薄弱所造成的结构性断层导致了工业设计的价值生产集中在较浅层面，企业在应用工业设计进行产品开发时也因此成本高昂。

此外，相对完善和明确的市场机制有助于工业设计师在方案策划中增强局部的针对性，争取使自身的设计能够在完整的流通中获得最优的增值路径，同时避免不必要的资源浪费或盲目性的设计，这也是为何在不同的市场经济系统中，工业设计师对同类设计方案进行考虑的侧重点有所不同的原因所在。

5.4 工业设计产业的逻辑组织结构

通过对分类标准与增值机理的分析，结合有关实证研究结论，我们已能够初步将工业设计产业的逻辑组织结构陈述如下（见图 5.3），并作为解读中国工业设计产业发展的思路借鉴。

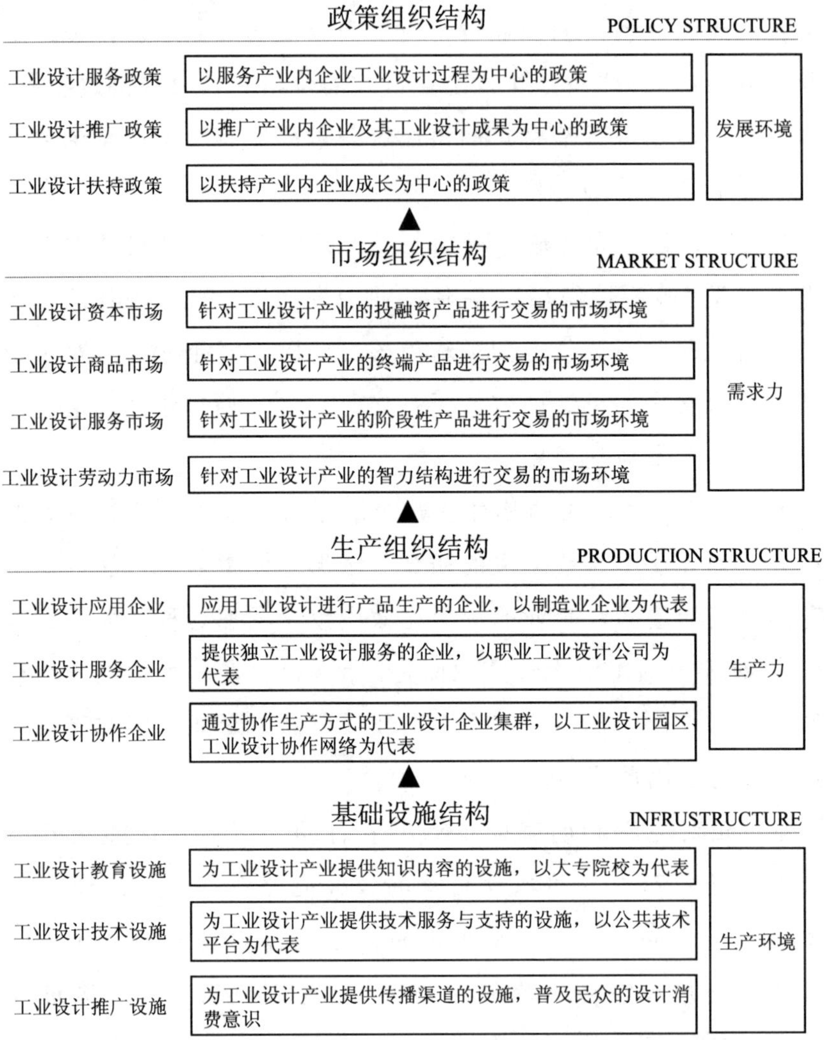

政策组织结构　POLICY STRUCTURE

工业设计服务政策	以服务产业内企业工业设计过程为中心的政策	
工业设计推广政策	以推广产业内企业及其工业设计成果为中心的政策	发展环境
工业设计扶持政策	以扶持产业内企业成长为中心的政策	

▲

市场组织结构　MARKET STRUCTURE

工业设计资本市场	针对工业设计产业的投融资产品进行交易的市场环境	
工业设计商品市场	针对工业设计产业的终端产品进行交易的市场环境	需求力
工业设计服务市场	针对工业设计产业的阶段性产品进行交易的市场环境	
工业设计劳动力市场	针对工业设计产业的智力结构进行交易的市场环境	

▲

生产组织结构　PRODUCTION STRUCTURE

工业设计应用企业	应用工业设计进行产品生产的企业，以制造业企业为代表	
工业设计服务企业	提供独立工业设计服务的企业，以职业工业设计公司为代表	生产力
工业设计协作企业	通过协作生产方式的工业设计企业集群，以工业设计园区、工业设计协作网络为代表	

▲

基础设施结构　INFRUSTRUCTURE

工业设计教育设施	为工业设计产业提供知识内容的设施，以大专院校为代表	
工业设计技术设施	为工业设计产业提供技术服务与支持的设施，以公共技术平台为代表	生产环境
工业设计推广设施	为工业设计产业提供传播渠道的设施，普及民众的设计消费意识	

图 5.3　工业设计产业的逻辑组织结构

5.4.1　生产组织结构

工业设计产业的生产组织结构由企业或企业协作网络组成。生产结构是整个工业设计产业体系的核心，也是工业设计产业链的基本组成。

从原理上看，产业链是围绕生产企业，通过对信息流、资源流、资金流等内容的控制，将供应商、制造商、分销商、零售商，直至最终用户连成一个整体的中间经济组织。因此，生产企业在工业设计产品的价值定义阶段将起到先导作用。从分类的角度出发，可以初步将工业设计产业的生产结构划分为"工业设计应用类企业""工业设计服务类企业"与"工业设计地区协作网络"（在国内主要指工业设计园区）等三类基本结构。工业设计院校、科研院所和促进机构等单位由于大量处于间接生产状态，因而从结构角度来看更适于归入生产机制范畴。

1. 工业设计应用企业

指应用工业设计进行产品生产的企业，以制造业企业为代表，如联想、海尔等品牌型制造业企业。

2. 工业设计服务企业

指向产业链上游提供工业设计专业服务的企业，以职业工业设计公司为代表，如嘉兰图、浪尖等职业工业设计公司。

3. 工业设计协作企业

指通过协作生产方式组织工业设计生产的企业集群，以工业设计园区、工业设计地区协作网络为代表，如北京 DRC 工业设计创意产业基地、广东工业设计城等。

5.4.2　市场组织结构

工业设计产业的组织形态与工业设计的市场容量变化、经济发展阶段和整个社会的认知以及重视程度密切相关。培育良性的工业设计产业各级市场，是提升国家或地区工业设计产业发展水平的重要路径。从生产的角度看，工业设计产业的发展有赖于应用企业、服务企业以及区域协作网络共同发挥作用，但具体的市场需求是这种作用的着力点，而相应的市场机制则是价值最终实现的保障。通过有效的市场需求定位，工业设计会对制造的整个环节提出相应的要求，包括对新材料、新工艺的开发和利用，对加工、装配精度的保证，对质量体系的要求以及产品的系列化等等。市场组织结构在具体层面可分为如下四类。

1．工业设计劳动力市场

指工业设计产业的劳动力供需环境，即针对工业设计产业的智力结构进行交易的市场环境。

2．工业设计服务市场

指工业设计产业内部的供需环境，即针对工业设计产业的阶段性产品进行交易的市场环境。

3．工业设计商品市场

指工业设计产业外部的供需环境，即针对工业设计产业的终端产品进行交易的市场环境。

4．工业设计资本市场

指工业设计产业的投融资环境，即针对工业设计产业的各类成果性和过程性产品进行资本交易的市场环境。

5.4.3　政策组织结构

政策实施的意义在于为产业的良性、快速发展提供秩序性的保障。在产业发展初期，明确、合理的政策规划意义显著。最早与工业设计领域相关的政策可以追溯到 19 世纪末瑞典（1845）和芬兰（1875）对手工制品部门的扶持。当前，全球已有约 20 个国家制定了旨在促进本国工业设计产业发展的国家战略。

由于工业设计对社会经济活动的作用愈加明显，不少国家都力图通过宏观规划对本国工业设计领域的发展进行综合调控，以寻求使其得到稳定经济表现的途径。纳入国家战略对于工业设计产业发展的影响是多元且深远的，由此产生的各类企业数量的急剧增长和规模的迅速扩大也说明了这一点。从逻辑上来看，工业设计产业政策的支持对象主要定位于企业，相应的政策结构由"工业设计扶持性政策""工业设计推广性政策"以及"工业设计公共服务政策"三类内容构成。

1. 工业设计扶持政策

指以扶持产业内企业成长为中心的政策，如为企业创造税收减免机制、进行工业设计人才培训等方面。

2. 工业设计推广政策

指以推广产业内企业及其工业设计成果为中心的政策，如组织工业设计会展、工业设计论坛，进而对企业设计成果进行宣传等方面。

3. 工业设计公共服务政策

指以服务于产业内企业工业设计过程为中心的政策，如提供公共服务平台、公共软硬件支持等方面。

5.4.4 基础设施结构

工业设计产业由于自身的知识经济特征，在价值培育过程中的知识含量、技术含量和推广方式等方面与传统的资源型产业有着较大的不同。国际经验在不同程度上表明，工业设计的价值输出与社会响应之间需要通过积极合理地引导才能加以实现。从逻辑结构上看，工业设计的价值输出需要三类核心基础设施的保障。

1. 工业设计教育设施

指为工业设计产业提供知识内容的设施，如工业设计教育院校、工业设计知识库、工业设计图书馆等实施。

2. 工业设计技术设施

指为工业设计产业提供技术服务与支持的设施，如工业设计公共技术服务平台等设施。

3. 工业设计推广设施

指为工业设计产业提供传播渠道的设施，如工业设计展览馆、工业设计文化交流中心和工业设计博物馆等设施。

5.5 本章结论

在对定位研究的基础上，本章将工业设计产业进行了基于生产主体、生产内容、生产对象等三种标准的分类，并依据生产主体类别对其产业结构进行了描绘与阐述。工业设计因其二元价值结构特性，在产业运行的价值增值方面强调以生产社会化为导向的市场体系建设。

当前，中国工业设计产业虽然拥有规模体量与政策力度的双重比较优势，却难以有效地应对国内制造业转型升级与自主创新所面临的挑战，其根源在于产业市场组织结构建设的薄弱所造成的价值传递结构断层，致使制造业企业应用工业设计的成本过高，因而国内大部分的制造业企业，特别是大量存在的中小型制造业企业普遍避免工业设计方面的主动创新，原因正在于此。不论国内工业设计产业的企业规模与政策规划是否进一步加强，市场结构的断层造成的价值链断裂都将导致这种优势无法转化为效能深入到企业应用工业设计的诉求与过程中间。设法降低与分担企业应用工业设计的综合成本、保护与完善工业设计价值在市场中的流通与实现过程是当前中国工业设计产业建设不可回避的中心矛盾。

在对中国工业设计的产业结构进行深入探讨时，因为产业发展尚处于初级阶段，各类产业的相关资源与保障机制不健全，因而在生产层面之外多以资源集聚思路在局部进行建设，对产业主体的分析因此将分作两个方面，即对于"生产结构"与"平台结构"的研究，这两类结构也代表了当前国内工业设计产业发展的主要特征。

第6章 中国工业设计产业的生产结构建设

生产结构是产业价值批量化创造的起点，也是整个工业设计产业体系的核心。工业设计的价值虽然产生于设计师的脑海，但唯有通过企业生产才能够初步实现产业化发展。从中国工业设计产业的特征性结构来看，生产结构与平台结构共同构成了两大产业结构主体，相比较而言，能否在生产能力方面形成优势是决定国家或省市产业竞争力的首要因素。

实地调查表明：中国工业设计产业的生产结构由应用性工业设计企业、服务性工业设计企业与区域工业设计协作集群等三个部分构成，而集群模式实际上是一类生产协作平台，因此在分析过程中将其归入平台结构组成放在下一章节进行讨论。

2000 年以来，国内工业设计产业的规模化发展迅速，无论应用性或是服务性工业设计企业数量在 21 世纪前十年间都得到了高速增长。中国工业和信息化部 2010 年颁布的《促进工业设计发展的若干指导意见》在一定程度上更像是对于这种生产规模的政策回应，有关产业的详细认识从政策条款的内容制定来看还存在较大的提升空间，政策的针对性也有待进一步增强。借助对上述两类生产企业的深入分析，将有助于近距离观察产业间的价值创造过程。

6.1 工业设计产业的生产结构描述

产业的生产结构由企业或企业协作网络组成，是产业间价值批量化输出的起点，也是产业链的基本组成。我国工业设计产业的体量在近年来迅速扩大，工业设计相关企业的类型也逐步增多。从应用性生产企业看，基于不同的分类视角可以将制造业中的不同类型纳入产业组成，相当一部分制造业企业在转型过程中正朝向"设计驱动型制造业企业"迈进；从服务性生产企业看，下述四类工业设计业务类型在国内较为活跃：工业设计方案类、工业设计咨询类、工业设计品牌类与工业设计制造类。随着产业环境与消费环境的变化，企业类型也会逐步有所调整。

6.2　中国工业设计产业的应用生产主体

中国工业设计产业的应用生产主体由不同规模与业务类别的工业设计应用类企业构成，主要集中在运用工业设计的知识与方法进行产品创新的制造业领域。在业务类型上包括实体类、信息类与产品服务系统等三项，在规模上由大型和中小微型企业所构成，其较为普遍的一些特点可参见图 6.1。

从企业成长情况看，国内绝大部分工业设计应用类企业在初期阶段的产品由企业创始人主导定义或参与定义，在 Gorb & Dumas（2007）的"缄默设计"（*silent design*）理论中，可以将企业拥有者视为第一任工业设计师。当企业的发展需要第二代或第三代等后续产品时，设计需求已非企业拥有者可以实现，于是专业的工业设计人员应运而生，但产品定义通常仍由企业领导者或市场人员完成，工业设计由于尚未纳入成本范畴致使其在这一阶段还没有足够的话语权，此时成立的工业设计部门通常成为应用类企业产品的外壳包装车间。当企业发展遇到技术瓶颈或行业竞争等因素趋向成熟、产品同质化程度愈发严重时，企业进一步需要差异化的产品概念，工业设计部门的职能与研究含量随之开始增强，有可能同时具备新产品开发和概念产品的预研功能，应用类企业间的竞争已趋向品牌化，深层次的工业设计能力将成为企业能否迈向战略整合竞争层面的分水岭。工业设计部门逐步成为企业成长的核心动力，市场和技术的主导局面已随着竞争模式的变化而趋向弱化，工业设计师支配企业资源的权力将得到提升，工业设计的业务体系也开始逐步分化，企业将愈发聚焦于原型层面、战略层面的工业设计，浅层次的设计工作将通过外包或采购方式获得。从业务形态看，一部分应用类企业的形态将从技术驱动型或加工驱动型向设计驱动型进行转变。

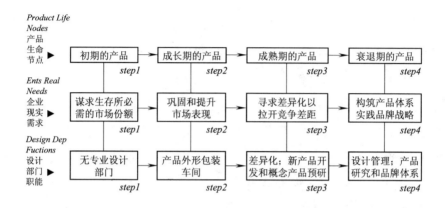

图 6.1　工业设计在应用类企业内部的演进

　　就优劣势对比而言，工业设计应用类企业由于直接面向终端消费市场投放产品，因此通常对自身产品的需求了解充分，产品开发方向在初期直至中后期都比较明确，对企业业务领域内的相关产品也十分熟悉，具备工艺掌控等各方面的能力保障，技术资源对产品的支持也比较到位。然而，工业设计应用类企业却往往仅了解特定领域的某类产品，对产品类型的交叉思考能力相对较弱，对消费者的理解也因阶段性的市场形态而局限于固定的模式。此外，这些企业设计的敏感度相对并不是很高，理解也容易出现僵化，致使持续性的设计创新能力普遍不强。

　　从发展趋势来看，国内工业设计应用类企业主要呈现三种发展方向：①成为设计品牌型企业：这类企业主要将工业设计应用于企业品牌体系的构建，如四川长虹、深圳康佳等。②成为设计研发型企业：这类企业将工业设计整合进企业的创新机制，为技术主导的产品进行创新服务，如三一重工、金龙客车等。③成为设计战略型企业：这类企业将工业设计业务进一步细分，通过加强与外部设计力量的合作，形成围绕战略性产品的设计生态体系，如北京联想、青岛海尔等。

6.2.1　以业务类型为视角的构成

工业设计产业的应用性生产主体围绕制造业形成，而制造业，特别是实体制造业是我国国民经济和工业经济的重心。从全球范围来看，我国的实体制造业比重已约占世界总量的 1/3，这一点与此前讨论的欧美等工业设计产业发达国家有很大区别。日本、韩国的制造业虽然在整体国民经济中也占有较大比重，但由于技术水平与发展阶段的不同，加之日韩两国的土地面积、人口数量等原因，社情、政情的复杂程度还无法与我国相比，制造业的整体层次水平也存在着较大差异，因此其参考价值也比较有限。针对国内由劳动密集型、资源密集型等相对较低的知识、技能与产品结构水平所组成的加工型制造业，如何在转型的过程中使工业设计产业得以恰当融入，是一个独立且只能由自身加以探索的问题。

从业务类型来看，国内制造业呈现由原始设备生产商（OEM）企业为主体，原始设计制造商（ODM）企业和原始品牌制造商（OBM）企业为前沿的整体局面，加工型的制造格局比较明显，就逻辑而言并非开展工业设计产业的有利环境。

值得一提的是，OEM、ODM、OBM 等概念在学术领域并没有清晰的理论原型，而是从实践中提炼得到的。Gereffi & Gray（1999）曾就此谈及一些特征：供应商根据拥有自主品牌的买方制造或设计产品，产品借助买方品牌出售，三者都是独立的企业。这实际上即是一个外包（*outsourcing*）结构。Feenstra & Hanson（2005）曾对这种外包结构进行利润计算，显示出三者在上中下游的区别。近年来，一些学者提出"原始战略制造商"（*Original Strategy Manufacture*，OSM）的概念，可以视作在体验经济与产品服务系统广泛出现的情况下对上述业务形态所作出的补充。

将上述四种业务类型加以对比：OSM 企业由于拥有行业领导性产品，使之成为围绕产品战略所形成的集团性企业的中心。以体验型业务主导的产品服务系统，使其最为适合开展深层次的工业设计工作，如苹果（Apple）、谷歌（Google）等企业；OBM 企业由于拥有自主的品牌，企业价值与产品语意的传达需求使之对工业设计产业也有着比较强烈的依赖性，如卡特彼勒（Caterpillar）、索尼（Sony）等企业；ODM 企业因同样能够从 OSM、OBM 的订单中得到以自身品牌独立销售产品的机会，因而在一定程度上同样需要工业设计产业的介入，如宏基（Acer）、华硕（Asus）等企业；OEM 企业则因被上述各类企业的整体战略与外围业务层层包裹，工业设计较难引入，群体的产业化也较难实施（逻辑关系参考图 6.2）。

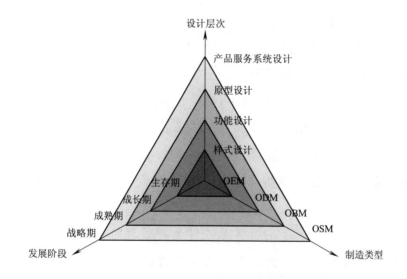

图 6.2　工业设计的价值含量与应用企业类型的逻辑关系示意图

通过实地研究可以发现，国内工业设计应用类企业以 OBM 企业为主体，如美的、海尔、TCL 等民用消费类制造企业，以及厦门厦工、三一重工等工业消费制造领域；ODM、OEM 企业是国内工业设计产业的补充，这些企业在开展工业设计工作时显得较为慎重，如佛山东菱、厦门路达等制造业企业。上述情况源于工业设计创新所对应的产品专用资产调整过程使之存在相关的成本与风险，因而在一定程度上也体现出社会投资环境对于工业设计产业发展的重要性。

6.2.2　以驱动要素为视角的构成

当前，产业服务化的趋势日益明显。经济的全球化、生产的信息化、科学技术的突破性进步以及资源与环境约束的加剧已使企业之间的联系大幅度增强，相互间的依存程度也不断加深。在"原材料 —— 产品 —— 商品 —— 用品 —— 废品"的循环体系中，制造业企业输出的价值已愈发趋向于系统内涵，而不再局限于孤立的阶段。生产规则支配市场的逻辑遭到淘汰是工业经济发展的必然，取而代之的是价值引导与用户体验（选择）。在产业服务化时代下，业务类型虽然仍能够区分制造企业，但已无法体现其核心的时代特征与生存手段。

工业设计产业如同其他产业一样，也具有相似的投入产出路径。只不过在必需品经济、用品经济和初期的商品经济时期，这种投入产出路径被层层包裹，还未从"实体产品经济"的主观认识中脱离。随着经济模式的升级与文化性消费结构比重的增加，"设计经济"类型如同众多抽象经济形态一样，其二元价值结构也将逐步从文化创意与生产性服务体系中分离，以引导性、适应性、系统性为特质迈向独立的发展阶段。

针对产业服务化与设计经济形态的演进趋势，在分析以制造业为代表的工业设计产业应用领域时，以"驱动要素"取代"业务类型"对工业设计应用企业进行分类能够在市场的逻辑与制造的逻辑间找到新的平衡。从原理上看，企业"驱动要素"即指为满足主导性业务需求所采取的手段（Todaro，1988），可以将其理解为企业在某方面形成的集中优势。迄今为止，中国国家统计局和中国工业与信息化部在对如工业设计等生产与文化领域的战略性新兴产业的分类意见上还较难统一，然而无论产业归属如何，以"驱动要素"对工业设计应用类企业进行划分都是符合企业在产业中的生存逻辑的。依据这一划分思路，可以将作为工业设计应用类企业核心的制造业企业分为以下四种类型（见图 6.3）。

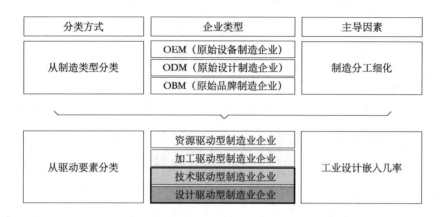

图 6.3　工业设计应用类生产企业的构成

1．资源驱动型制造业企业

指通过物质资源优势（尤其指天然物质类资源）进行产品生产与制造的企业，如钢铁冶炼、水泥、石油化工、有色金属冶炼等等领域。这一类企业重在依托资源、提供原材料产品，是任何地理、物产等硬性资源丰富的国家工业经济的先导（如中东、南美等地）。工业设计产业所建立的"文化性生产结构优势"对于资源驱动型企业的影响微乎其微。

2．加工驱动型制造业企业

指通过人力资源优势（尤其指知识、技能层次不高的劳动密集型人力资源）进行产品生产与制造的企业，如我国大量存在的 OEM 企业，也包括一部分自主权受到很大限制的 ODM 企业，领域涉及广泛，无论民用领域、工业领域或公共领域等等都有此交集。这一类企业是我国工业设计经济在第一阶段的支柱，主要承接外包业务，没有自主品牌，依附上游企业保障生存，是较为纯粹的来料加工车间。从实地调查的情况看，国内的加工驱动型制造业企业虽然在不同程度的全球或地区性经济危机中普遍存在生存困境与转型压力，但对于工业设计的介入考虑得仍然较少，原因在于其自主的设计方案基本无法在上游企业或委托企业的主体设计中独立存在，相应的"二次设计""三次设计"必要性不足，风险也较大。

3. 技术驱动型制造业企业

指通过技术优势（特指科技方面的狭义技术，而非文化、管理等领域的广义技术）进行产品生产与制造的企业，如造船、航空航天、交通、大中型装备等等领域。这一类企业是国内工业经济在第二阶段的主体，重在集成技术优势，关注性能指标，同时也重视市场的数据性反馈。它们通常能够提供技术上可用性较强的产品，但产品的人性化、使用的创新性、引领社会价值潮流的综合能力普遍较弱，"引导性产品""突破性产品"显得匮乏，产品生态系统无法建立——这将在"战略性竞争"阶段处于被主导企业整合的劣势地位（相关内容可以参见第3章）。工业设计产业的融合将是技术驱动型制造业企业升级的关键。

4. 设计驱动型制造业企业

指通过设计优势（尤其指以原型、服务系统为中心的深层次设计，而非依靠样式特征、装饰宣传的形式性设计）进行产品生产与制造的企业，集中在与用户交互程度较高的终端消费领域，如信息科技（IT）、通信、家电、医疗设备等等。这一类企业已在技术相对得到保障的基础上通过工业设计进一步寻求产品的文化性、引导性等综合价值，提供的是可用度较高、易用性较强，同时满足消费者生理和心理需求的商品。工业设计在这类制造业企业中已能够对制造享有足够的支配权，因而无疑是工业设计应用生产领域的重要类型组成。

从以驱动要素为视角的工业设计应用企业分类中可以看出，随着经济模式和消费结构的升级，企业各类资源的相对价值含量也在悄然发生改变。消费市场与国民经济体系中，主导产业的变迁使得工业设计产业的应用生产结构也在相互间的比重上不断发生变化。

对于国内工业设计产业的应用生产领域而言，虽然"设计驱动型制造业企业"代表整个工业设计产业生产领域未来的发展方向，但就目前的情况看，由于中国工业经济正处于由加工向拥有自主技术与自主品牌转型的过程之中，加之国民经济体量较大、人均收入水平不高，以及消费市场中使用性消费相对于文化性消费还处于比重上的绝对优势，地区差异十分明显，因此可以初步认为：以"技术驱动型制造业企业"为代表的企业类型应是当前和今后相当一段时期内我国工业设计产业在应用结构方面的主体，促进工业设计在这类企业转型升级过程中的应用将是我国政府制定工业设计产业阶段性发展战略中的重中之重。

6.3 中国工业设计产业的服务生产主体

中国工业设计产业的服务生产主体围绕应用类企业的业务兴起，同时也逐步呈现从应用类业务中独立的发展趋势，因而结构类型显得比较复杂，新旧类型的交替变化也较快。总的来说，在类型方面主要包括工业设计方案类服务企业、工业设计咨询类服务企业、工业设计品牌类服务企业以及工业设计制造类服务企业等四类。当然，诸如院校设计工作室、大中型工业设计科研院所等机构，也通常承担一定数量的相关业务，但这些机构目前的业务内容还不够稳定，特征也尚不如市场中的企业明显。出于产业发展阶段上的考虑，对此暂不进行深入的探讨。

从企业成长情况看，国内大部分工业设计服务类企业通常源于一至两家应用类企业的设计业务而起家，并在初期与所服务的几家长期客户的命运系在一起，自身发展几乎完全被其所服务的企业所左右，但对企业的价值却仅处于外围层面。

当应用企业的发展进入转型升级的阶段时，如果能够在此阶段帮助该企业实现形态上的进化与综合实力上的提升，那么这家（类）工业设计服务企业将得以不断拓展自身业务，与此同时降低对原有应用企业的依附性，逐步成长为多家应用企业在转型升级时期的助力。由于在上述过程中积累了相应的知识、技能与经验，形成了相对于一般服务企业的比较优势，自身也有可能成长为出色的设计管理与指导机构，从而与更多应用企业的设计外包业务发生联系。反之，如果在协助应用企业转型的过程中失利，不但其所服务的应用企业无法实现在战略与产品层次上的升级，这家（类）工业设计服务企业自身的业务能力也将停留在原有层面，持续徘徊在处于相似发展期的应用企业中间，直至能够帮助应用企业深入到更加核心的设计业务为止。

此外需要注意的是，工业设计服务企业的人员规模在不同国家和地区间的容量差异很大。如我国南方一些工业设计服务企业有员工百余人，这在英国、美国、日本等国家是不可想象的。此类现象与企业所处地区的产业结构类型有关，也与工业设计促进政策的主导思路有关。这一点在后续的讨论中还将有一定涉及。

与应用类企业的优劣势相对比，工业设计服务类企业由于服务对象比较多元，此外也较少深入涉及民用领域的终端消费者，因此通常对于多个行业均有一定了解，善于将不同行业的设计观念、思路加以融合，对不同行业的工业设计流程、工艺水平、市场划分等内容都略有知晓，设计创新、创意的能力较强，不受某一行业特定的技能局限，对设计潮流变化的敏感度普遍较高。但在另一方面，工业设计服务类企业往往对应用企业的整体规划与发展战略理解不深入，对应用企业特定的技术与工艺水平也难于把控，容易造成设计概念的实现性下降。此外，由于研究含量与实际操作经验的不足，工业设计服务类企业对于消费人群的分类与层次结构通常也认知较浅，这使得产出的设计概念虽然形式上琳琅满目，但实质内涵却比较单一，进而易受制于恶性价格竞争和各类短期利益，这是所有类型工业设计服务企业普遍存在的问题。

从类型分布上看，国内的工业设计服务类企业在数量上以工业设计方案类企业为主，主要提供基于产品差异化的概念性设计方案。工业设计咨询类、工业设计品牌类以及工业设计制造类等三类企业则对于自身发展有更高的诉求，与传统方案类企业的差别也比较明显 —— 但无论如何，它们的总体演进趋势十分明确：成为集服务与应用为一体的综合性工业设计企业。

6.3.1　工业设计方案类服务企业

工业设计方案类服务企业是最为传统，同时也是最简单的工业设计服务生产类型，在国内的工业设计产业体系中大量存在。

从调查的情况看，国内的工业设计方案类企业与制造业之间的关系十分松散，制造业企业的设计委托往往仅是为了增加或积累一些可供选择的样式，因而委托过程总体显得比较随意，很多类似的业务甚至没有合同文本。由于相互之间的约束关系得不到保障，这一类工业设计服务企业的生存状况很不稳定，普遍受临时性业务的支配，总体收益不佳。

以移动通信类的消费电子产品为例，调研中发现，在我国深圳的部分工业设计方案类服务企业中，一单设计业务的平均报酬仅 2～3 万元，个别企业的单笔业务报酬甚至不及万元，在上述松散随意的委托关系中，设计服务企业的技术实力与综合竞争力都无法获得显著提升。长期徘徊于以样式、造型等浅层次的设计产出却又难以改变现状，是国内工业设计方案类服务企业的生存现实（见图 6.4）。

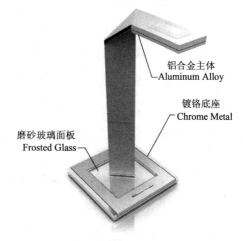

铝合金主体
Aluminum Alloy

镀铬底座
Chrome Metal

磨砂玻璃面板
Frosted Glass

图 6.4　样式出色但难于被应用企业
采纳的方案性设计

（资料来源：某工业设计服务企业受国内某知名照明公司委托设计的灯具方案）

上述情形反映在服务市场中则呈现出恶性竞争的局面，导致企业间的价格战与抄袭现象盛行。在专利申请方面，由于国家知识产权局在工业设计的知识产权保护方面尚存在较多模棱两可、似是而非的描述，造成可利用的漏洞较多，保障效果也多流于形式，致使工业设计的市场竞争还无法在相对公平的层面开展。

从产业结构的观点看，这些方案类工业设计服务企业的处境恰是产业位于初级竞争结构的缩影。由于市场机制建设的薄弱，工业设计以知识经济为特征的价值类型无法得到保障，使得设计服务类企业如果不改变经营思路，摆脱对上游制造业的依赖，将只能持续在低层面的市场中生存，而红海式的恶性竞争也仍将持续存在。

当然，一些具有优质资源积累的工业设计服务类企业依然能够在上述相对薄弱的市场体系中保障生存，这其中有两种路径可供选择：一是在维持较高质量设计的基础上，通过拓展业务体量和影响力促使规模化效应生成，借以提升自身对各类资源的吸附能力；二是侧重于某一制造业领域的工作，以专业化带动经济效益。

工业设计方案类服务企业是工业设计产业演进体系在规模化阶段的主要特征，此类企业在国内工业设计产业间大量存在，一定程度上也反映出国内制造业在工业设计方面实际需求的质量与层次。从积极的方面看，生存困境也促成了相当一部分新型工业设计服务形态的诞生。

6.3.2　工业设计咨询类服务企业

作为一类涉及持续投入的工作，大部分国内制造业企业对于工业设计的接纳过程总体而言是十分谨慎的。虽然很多方案性设计业务已在制造企业中实现外包，但深层次的设计应用仍然相当有限，一个已有的产品设计原型往往在长时间内被多家制造业企业反复使用。

我们曾提到，制造业企业在品牌化、战略化的升级过程中，由于势必要面对文化消费比重逐步提高的国内与全球市场环境，因此不可能回避工业设计带来的文化性价值。上述需求为"顾问型"的工业设计服务提供了一定的发展空间,我们称该类提供工业设计信息指导的企业为"工业设计咨询类服务企业"。

咨询化形态是知识经济与工业设计服务模式的结合，也是工业设计服务企业自身力图摆脱同质化的方案性竞争所采取的知识性手段，主要的咨询内容包括针对制造业企业转型升级的设计战略以及具体的中高端产品设计思路、人事机制等（见图 6.5）。此外，国内一些咨询类的工业设计服务企业跳出了仅面向制造业的有限范畴，进而通过调查研究报告等产品服务于产业发展与政策建设，这些分化后的咨询形态对于产业的综合成长而言十分有益。

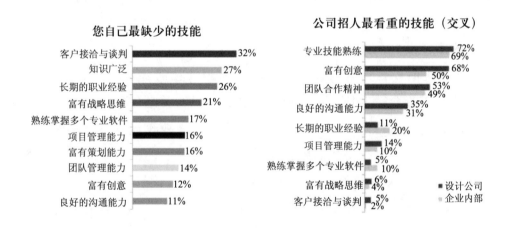

图 6.5　一例典型的工业设计咨询服务类产品

（资料来源：侨中公司（CBI）《中国设计行业统计报告 2009》）

工业设计咨询类企业的生存一方面依赖于自身的知识优势，另一方面也得益于制造业以及相关地区与工业设计有关的转型诉求。通过将成功案例与企业发展前景相联系，使得制造业企业或政府对于应用工业设计所取得的回报具有相对更加直观的认识，这种评估咨询性业务是成熟工业设计市场中的重要组成。如果整个产业的市场化进程顺利，工业设计咨询类企业的生存状况将比较稳定。位于上海的侨中设计咨询公司等是这类企业的典型代表。

6.3.3　工业设计品牌类服务企业

由于中国工业设计市场在竞争结构的机制搭建方面并不充分，因而虽然工业设计服务类企业对于制造业企业的影响日益深入，但受限于薄弱的市场机制，自身在产业中的发展与上升空间总体依然十分有限。

鉴于上述现状，国内实则没有任何一家工业设计服务企业不渴望自身向集工业设计应用与服务为一身的综合性企业蜕变，进而争取到更多的发展资源与更大的成长空间 —— 这是由其所处的国内工业设计产业的市场结构所决定的。但在这些服务类企业向综合企业转变的过程当中，选择的路径又有很大差别。

就演进的视角而言，在知识经济与信息社会的背景下，"产品"和"价值"等概念越发抽象和无形化，加之知识与信息体量的增大，致使对于社会资源的调配能力同样可以成就企业。工业设计以系统观念与整合创新为特征，这使得"品牌管理"作为一种独立的工业设计服务形态营运而生 —— 关键在于，它无需依赖制造。

工业设计品牌类服务企业聚焦于自身品牌的建设，产品只是其传达品牌内涵的一个工具。工业设计能够创造产品的"语意"（*meaning*）从而使品牌成型，这在之前已有过论述，因而从一定程度上说，品牌化服务形态也是工业设计产业之于时代发展的产物。这类服务企业的生存已初步摆脱了制造能力的束缚，它们专注以"超新设计"（*supernova design*）以及知名设计师的社会影响力打造其品牌价值，自身驻场的工业设计人员数量通常十分有限。从已有的国际企业发展经验来看，意大利的阿莱西（Alessi）公司是这方面的典型。

在中国工业设计产业的服务体系中，品牌服务在很长一段时间内仅是作为一个普通的业务类别存在于传统的工业设计方案类服务企业中。然而随着自身综合化发展的诉求与外部消费市场的变化，这部分业务也开始逐渐从企业整体的业务体系中独立出来，在国内形成了大量基于方案与自身品牌产品双向发展的工业设计服务企业。如北京的洛可可公司、深圳的嘉兰图公司等等，不胜枚举。

工业设计品牌类服务企业的兴起有社会经济形态变迁的背景性因素，然而自身对于摆脱制造束缚的渴望是其成型的根本原因，时代的发展也为其提供了这样的机遇。

6.3.4 工业设计制造类服务企业

在如何去除制造依赖进而发展成为综合性企业的问题上，还有一些工业设计服务企业的思路与上述两类路径全然不同。它们放弃了对于完整意义上的工业产品设计的关注，而是把自身的设计资源投向产品的局部。

通过调查发现，由于在以往的方案类业务中针对某一特定领域积累了大量的信息、针对性技术、客户与渠道，国内一些工业设计服务企业开始逐步有意识地建设自身在该领域供应链中某一项或某几项环节的一体化服务能力——同时包括产品局部的设计与批量制造。出于对相应领域的长期专注，这类工业设计服务企业已日趋能够为制造企业提供具有较高完善度的局部批量化产品。除了并不形成自身的销售品牌外，它们拥有基于产品局部的技术能力、制造能力和设计知识产权，因而与一般意义上的 ODM（原始设计制造商）企业有所区别。工业设计制造类服务企业并不关注产品自身的整体性，具有完整使用价值的工业产品对于它们的业务增长与利润模式而言并无太大意义。

长期以来，为实体制造业提供服务的工业设计企业对于前者无足轻重的根源一直在于设计方案难以与业已固化且封闭度极高的生产制造体系相融合（当然，制造企业的战略也是另一个软性层面的重要原因），工业设计制造类服务企业独辟蹊径、通过针对产品局部的一站式服务使自身获得了稀缺性的生存优势。

从国内企业案例来看，广州毅昌科技集团采用设计与工程的联动机制，形成了以工业设计为先导，将包括设计、模具、结构、注塑、喷涂、钣金等环节在内的完整产业链整体打包生产的"DMS架构"，即设计—制造—服务（*Design & Manufacture & Services*）的产业模式，为整个制造产业链的上游厂商服务（初期以电视机机壳业务为主），而并非使设计着眼于产品整体或直接面对终端用户（见图6.6）。该企业目前已成为销售收入超过15亿元的中国最大的工业设计与外形制造集团。

品牌形象	企业识别	产品识别	行为识别	新材料	工艺设计	表面处理
市场调研	用户体验	行业动态	需求分析	创意测试	价值选择	客户分析
造型方案	创意表达	2D制作	3D制作	模型制作	产品摄影	包装设计
色彩研究	材料选择	新工艺	丝网印刷	工艺分析	新技术	包装运输
人机工程	结构设计	模具设计	模具制造	注塑成型	电路开发	软件开发
成本分析	成本控制	贴片	插件	软件录入	物理检验	标准制定
电子测试	环境测试	寿命测试	环保测试	组装装配	仓储管理	采购管理
供应管理	精益管理	ERP管理	6Sigma管理	ISO质量体系	5S质量管理	SCM管理
物流管理	终端管理	渠道开发	售点维护	营销策略	营销管理	协同生产

图6.6 广州毅昌科技集团的工业设计业务内容

（资料来源：毅昌科技集团（Echom）业务体系介绍和具体业务内容的整合）

我们有必要强调，如果基于"复杂性系统"（*complex system*）（Simon，1981）的产品还未在市场领域中出现，工业设计制造类企业将是难以存活的。复杂产品原型的基本组成是模块化（*modularity*），市场对于复杂产品的需求是企业竞争的结果。当产品唯有调用更多模块（包括功能模块、技术模块、样式模块等等）才能够在市场竞争中占据一席之地时，工业设计制造类企业针对模块进行的局部设计优化效果就得以显现。这种一站式的服务模式缓解了外围设计一直以来难于渗透进制造体系的被动局面，也成为当今国内工业设计产业服务结构中的重要组成部分。

6.4　中国工业设计产业的生产环境分析

6.4.1　生产目标

任何有关企业整体或局部运行秩序的构建，其根本目标都在于提升企业自身的核心竞争力。根据 Prahalad & Hamel（1990）的理论，"核心竞争力"即是在一个组织内部经过整合了的知识和技能。从产品或服务的角度来看，核心竞争力实际上是隐含在公司核心产品或服务内部的价值，简要而言，即企业及其产品的"稀缺性""差异性"与"延展性"——借此综合构成比较优势。

以制造业为代表的工业设计应用性企业依靠产品生产参与整体工业化经济的运转，产品创新无疑是企业自主创新的工作核心，也是工业设计的主要目标。从国内制造业企业的生存状况来看，价值创造能力的相对薄弱致使大部分企业长期难以摆脱国际产业分工中的低附加值地位，以及由此造成并不断强化的对于主导型企业的高度依赖，在品牌与产业链竞争体系下，构建自主产品创新机制的紧迫性日益加剧。

从应用企业的情况看，搭建"快速市场反馈机制"与"高新技术辐射机制"是目前我国以制造业为核心的工业设计应用企业应对产品创新的两种主要思路，工业设计在期间作为辅助性工作存在，决策权与影响力都不大（见图 6.7）。"快速市场反馈机制"关注营销数据的统计，"高新技术辐射机制"则重视技术参数指标的提升。不可否认的是，在企业创建初期，上述两类机制为企业在市场中站稳脚跟，并且实现前期的资本积累具有重要作用。然而，随着企业市场范围的扩大，以及国际化、全球化战略的导入，"创新性产品""突破性产品"的投放将成为提升企业品牌价值的必然要求，仅凭线性特征的市场反馈与技术强化无疑将难以有效应对这一挑战，企业引入并运用工业设计的直接目的也正在于此。工业设计的引导性特质与资源价值化职能适于开发与定位用户的潜在需求，通过最终创造"全新生活方式"的角度形成具有辐射性的系统价值（见图 6.8）。

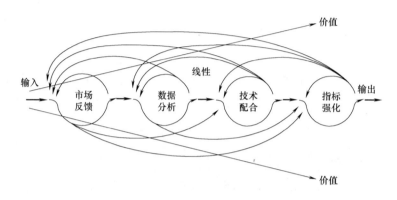

图 6.7　市场反馈与技术指标的线性价值逻辑图

（思路借鉴：Evans & Powell. Changing Design. New York: John Wiley, 1982）

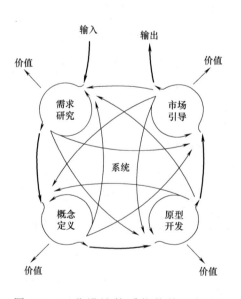

图 6.8　工业设计的系统价值逻辑图

（思路借鉴：Evans & Powell. Changing Design. New York: John Wiley, 1982）

从服务企业的情况看，虽然其业务一般在初期围绕应用性企业而生，但寻求核心竞争力的诉求使很多企业已不再将业务主体挂靠于某个或某类应用性企业，而是通过进一步发挥工业设计的知识性、文化性特征形成了自身的局部产业格局，咨询类工业设计服务企业、品牌类工业设计服务企业和制造类工业设计服务企业的出现很好地诠释了这一点。

6.4.2　内部生产环境分析

内部生产环境是工业设计产业的主体性环境，其与外部的限制性环境共同构成了产业的事理结构体系，这一体系将决定产业发展的方向。

在以应用类企业和服务类企业综合构成的中国工业设计产业的生产结构中，后者对于前者始终呈现出较强的依附性，实则还未摆脱产业在生产化阶段的痕迹（有关产业发展阶段的分析可见第 3 章）。从企业组织架构的概念而言，国内相当数量的工业设计服务机构还不能称做典型的企业，其投入与产出模式均缺乏必要的自主性与标准化程序（出于论述一致性的考虑，我们在进行比较分析时仍将其统称为企业）。这一方面是由于产业市场机制的不健全使得工业设计服务类企业难以获得稳定的上升空间，即使自身的设计创意能力十分突出，这类企业通常也无法逾越设计价值难以在市场中规律性增值从而导致的恶性竞争局面，而应用类企业的生产制造规则在竞争环境不够规范的初级市场体系中则更加易于存活；另一方面，由于工业设计产业自身的知识环境和技术环境还不够贴近国内当前阶段的工业生产特征，因而在服务与应用相互之间的匹配效率上也受到影响。基于这种依附关系的存在，实则只需对国内工业设计应用类企业的生存与生产逻辑进行考察，就可以一并较为准确地把握服务类企业的相应情况。

我们曾将工业设计应用类企业以"驱动要素"的全新视角重新进行了类别划分。针对国内的具体发展现状来看，"加工驱动型"制造业企业数目众多，主要集中在东南沿海几个经济相对发达的地区，以"长三角"和"珠三角"两个经济区域为中心；"技术驱动型"制造业企业正在逐步跟进，在北京、上海、广东等综合消费能力较强的省份中不断出现，例如北京的"汉王"，广东的"华为""中兴""TCL"等；"设计驱动型"制造业企业当前在国内的数量还比较少，这类企业的成长还有赖于自身品牌化与战略化变革的进一步深入。上述三类工业设计应用类企业的比重正处于剧烈的变动期，产业结构也相应酝酿着一些格局性的变化。

现阶段，国内工业设计应用企业的内部生产环境具有以下特征：一是业务类型与发展阶段不同。由于资源驱动型与加工驱动型制造业企业在国内制造业的整体比重中还占据绝对优势，因而工业设计在制造体系中的必要性、重要性都还较为有限，加之企业发展阶段不同，造成企业在工业设计创新机制方面的建设也还普遍停留在较浅层次；二是管理层的重视程度不同。部分应用类企业决策者较为重视工业设计的价值，如北京的联想集团、上海的上汽集团等，其工业设计主管都是企业的高级副总裁，但除此之外的大多数企业仍对工业设计的引入与实施持观望态度；三是应用成本差异明显。由于国内中小型制造业企业众多，因而在缺乏外部资本或政策介入的情况下，应用工业设计实施产品创新的积极性普遍不强，产品设计原型也往往长期处于比较单一的状态。设法有效降低工业设计的应用成本是国内大部分中小型制造业企业真正关心的问题。

6.4.3 外部生产环境分析

由于工业设计产业尚处于被各类以实体产品为中心的产业层层包裹的状态，因而其外部生产环境更趋近于一个由多重子环境构成的"环境系统"，其中既有产品经济环境的协同，也有工业经济环境、国民经济环境以及相关政策环境的影响，特别是对于国内相对不成熟的社会工业化机制而言，其参与因素与有关变量的情况就显得更加复杂。对此我们将侧重分析上述环境系统中主要的限制性矛盾，进而在后续的章节中提出解决思路。

从市场环境的层面看，国内工业设计产业在市场机制建设上的薄弱与我国特色化的市场经济体系整体尚处于模式探索的初期阶段有很大关联。就一般规律而言，高速的经济增长总是开始于经济体系的局部领域，而以工业设计产业为代表的引导型、体验型经济业态显然还不属于我国国民经济体系中的重点范畴。作为中高级市场经济下的产物，工业设计产业在我国正面对跳跃性发展带来的多重困境，如商品市场、资本市场等层次结构的缺失以及投融资渠道、信贷担保、知识产权保护等竞争鼓励机制与保障机制不健全；此外，行业统计、产业分类等规范化管理体制尚未建立，使得在政策投入的实际效率与针对性上也总体比较有限。

从政策环境的层面看，由于长期缺少政府主管机构，政出多门的现象在近年来屡见不鲜，包括国家发展和改革委员会、工业和信息化部、文化部、科技部等多个政府分支机构都曾在过去十余年间不同程度地参与过工业设计领域的管辖工作，这使得持续性的政策部署与政策跟进长期处于摇摆状态，而各部门之间对于工业设计及其产业化内涵的理解又存在较大差别，使得政策体系的不稳定性进一步凸显。虽然从中央到地方对于推进工业设计产业化发展的政策布局范围持续扩大，但规划力度远大于资源投入力度和执行力度的状况仍比比皆是，不少政策最终被迫废弃或演变为地产工程。

从教育环境的层面看，500 余所设置工业设计学科的高校、约 10 万工业设计专业的在校生规模已使得我国的工业设计教育体量在全球范围内首屈一指，在劳动力供给方面为产业发展提供了有力支撑。然而从实际调查的情况看，大部分院校所教授的工业设计知识结构和技能结构与国内企业实际的生产现状和设计需求存在着严重脱节，知识内容方面的同质化现象也比较普遍。我国工业设计产业在现阶段急缺深入了解业内发展趋势，同时能够从宏观局面把握产业发展思路的工业设计"政策型"

"领军型"人才。

上述制约环境的存在致使国内工业设计产业的生产主体呈现出演进与发展的被动性。在一个保障性缺失、基础供需结构不够稳定的市场环境中，企业对于工业设计的应用每深化一步，其隐性成本都会成倍增长，而政策细化的不到位则并未使这种局面因政府力量的介入得到明显改观。与此同时也必须看到，随着经济增长方式的转变以及消费结构的升级，上述制约因素正朝向积极的方面变化，但这种变化的自发性过程是十分缓慢的，因而在实施对策上，要以积极把握规模与体制优势为前提，通过制定合理并切实有效的设计战略用以加速推进产业的市场化建设进程。

6.5 本章结论

中国工业设计产业的生产主体已经初步形成了自身的结构，这种结构以"工业设计应用类企业主导、工业设计服务类企业辅助"为原型，但两者的依存关系正在发生变化。从工业设计应用类企业的构成来看，受限于当前国内的整体工业化水平，"技术驱动型制造业企业"将成为其中的关键性力量；而从工业设计服务类企业的构成来看，原有的方案类设计企业为摆脱对制造企业的依赖，已开始向不同形态发生演变，形成了设计咨询类、设计品牌类与设计制造类等新兴的设计服务类型，这几类企业的生存状况也相比较之前要稳定许多。

从生产企业的业务模式与创新机制来看，国内工业设计产业尽管体量可观，但却呈现出一个初级的市场竞争结构，竞争程度上极不充分，公平度和自由度等方面也难以得到有效保障。由于市场机制建设的缺失，致使产业内的应用类企业植入工业设计的成本过高，服务类企业也因设计成果无法得到阶段性的有序增值而屡屡陷入恶性竞争的境地。低层面的市场环境加之薄弱的基础设施建设正是中国工业设计产业体量与产能不符的原因所在。

第7章 中国工业设计产业的平台结构建设

从工业设计产业的逻辑结构出发，将其中的市场组织结构、政策组织结构与基础设施结构统一纳入"平台结构"与读者加以探讨，源于中国工业设计产业的发展实情。由于市场化建设尚不完善，约束性、保障性机制薄弱，以市场经济为生存环境的工业设计产业在国内的发展呈现生产规模与政策布局相夹的"沙漏"形态。尽管拥有了千余家企业的生产体量与全局性、自上而下的配套政策，然而上述的扭曲结构表明：供应链的部门缺失和价值链的局部断裂致使中国工业设计产业的增值路径存在结构性断层 —— 这是"平台"搭建的意义所在，也是计划与市场的冲突所在。

中国工业设计产业的平台结构由企业集聚平台、行业推广平台、公共政策平台和职业教育平台等四个部分构成。其中，职业教育平台服务于产业的价值培育，企业聚集平台服务于价值的批量化生产，行业推广平台服务于价值的各向传播，而公共政策平台则服务于产业秩序的建设。从具体的发展情况看，目前国内工业设计产业在上述四类平台的搭建上均已初具形态，但彼此之间的配合效率却并不高，职能虚设的情况还普遍存在。

7.1 工业设计产业的平台结构描述

产业平台的建设并非新概念，但对独立产业进行平台建设的阐述与分析还比较少（Nelson，1993）。目前我国工业设计应用企业内部的设计创新机制尚未建立，一些设计实施思路还显得比较原始，加之国家整体工业化水平还相对较低，地区发展不均衡，致使国内工业设计产业的发展尽管呈现规模与政策优势，但总体仍处于产业演进的初级阶段，因而平台建设对于结构性机制，如协调、引导、激励等方面的快速确立而言十分重要。

由于工业设计自身的二元价值结构特性，使之对于区域内的工业资源以及文化领域的发展都有着很高的敏感性，因而不同地区在开展工业设计产业的具体建设中，所采用的驱动力模式是有所区别的，这与国际经验也相对吻合。

从产业结构的逻辑角度而言，平台是价值性质得以不断变化的综合服务体系（Crain，2005）。针对独立的产业（有特定产品内容的产业）来说，处于不同平台将影响产业投入的各类要素质量（Wolpert，2006），并且直接决定产出价值的内容与层次。有效的平台建设能够对产业的发展起到三种主要的促进作用：①构建针对性的产业发展环境；②增强产业内部与跨产业间的合作；③降低产业内企业的综合生产成本。

7.2　中国工业设计产业的平台主体构成

国内工业设计产业的发展在地域空间上还十分不均衡，既有如上海、广东等发展较快的高增长区域，也有大量几乎毫无产业生态与从业人口的地区。即便是发展较快的高增长地区，其发展模式和驱动力也存在很大差异，我们已经在前文对此做过阐述。从中国工业设计产业的总体发展特征看，由于社会工业化水平的限制，致使产业在供应链、价值链等产业的内部衔接方面处于不够稳定或局部断裂状态，进而使得规模化优势与政策规划布局之间难以有效衔接。产业发展所需的外部环境与外围资源严重匮乏是摆在中国工业设计产业面前的现实，这是平台建设首先需要面对和解决的问题。

从内部环境来看，工业设计产业由于自身的二元价值结构不易在线性的经济统计（如 GDP 等）中加以定位，因而无论是对企业成长的贡献上，或是对政府政策绩效的体现上，都长期处于相对模糊的局面，导致产业发展的效率与持续性并不高。此外，由于浅层次的工业设计业务资产专用属性不强，在很多企业管理者和政府职能人员的意识中，工业设计的技术门槛偏低,"一台电脑就可以完成工作"的观念随处可见,上述认知造成了工业设计产业在从业人员资质评定、知识产权保护等机制建设方面停滞不前,从业者与服务企业在产业环境中得不到进一步成长与发展的空间,人员流失现象十分严重。

合理的平台建设能够从一定程度上使上述局面得到改善(见图 7.1)。从调查研究的情况来看,目前,国内已建立的千余家设计创意类园区和十余家专注于工业设计业务的园区已经为入驻企业带来了围绕集聚效应所产生的相关便利。有理由认为,以不同对象为中心的产业平台建设是解决中国工业设计产业在资源约束条件下的阶段性方案,用以快速整合区域间的可用资源。我们将进一步对目前活跃于国内的四类工业设计平台做深入分析。

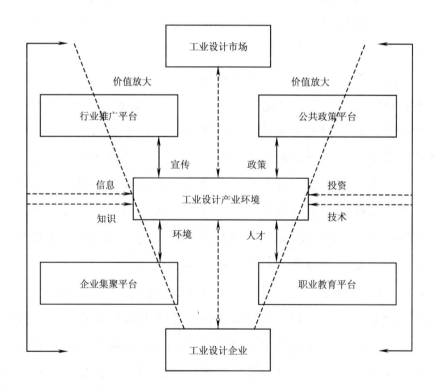

图 7.1　中国工业设计产业的平台结构示意图

(实线表示"直接性",虚线表示"间接性")

7.2.1 工业设计企业集聚平台

工业设计产业虽然隶属于新兴产业，但在运行机理方面仍对传统产业有比较完整的继承。根据 Porter（1998）提出的新竞争经济理论，企业集群是集中在特定区域的在业务上相互联系的企业群和相关结构，这种由独立的、非正式联系的企业与机构的集聚将在效率、效益和韧性等方面创造竞争优势的空间组织形式。近年来，产业集聚理论主要关注"群体创新"问题（Freeman，1987；Rouvinen & Antilla，1997；Feser，1998），总的意见是：产业集聚是经济与社会文化的复合体，将创新能力以组织结构加以提高（Asheim，1997；Dicken，1998；Schmitz，2000）。无论如何，产业集聚能够在不同程度上提供企业间优势互补与协作增效的实施方式。

从国内工业设计集聚平台的自身特征看，其在不同程度上继承了产业集聚规律中的"空间集聚化""专业柔性化""社会网络化""文化根植性"等特征，使不同业务领域、不同规模、不同能力水平的工业设计相关企业形成了合作与交流的局部空间，促进了工业设计这一新生产业形态的初期建设。现阶段，国内的工业设计产业集聚平台以相对封闭式的"工业设计园区"形态为载体，与一些西方国家相对开放式的"工业设计区域协作网络"（Verganti，2003）有一定区别，社会工业化机制方面的差异在产业集聚的角度上得到了进一步的体现。

由于国内工业设计产业园区的经营主体一般是本地或外来投资企业以及地区政府，因而在对园区进行经济效益的开发同时也往往需要兼顾一定的社会效益。在我们对国内工业设计产业园区的调查分析中，可以初步将园区经营者对园区自身发展的关注点概括为"地区经济贡献力""园区发展力""园区服务力"和"园区魅力"等四个方面。这四个方面在传统的经济关注中逐步融入文化关注的要素，也反映出工业设计产业自身的价值特性。

另一方面，对于以政府作为经营主体的工业设计产业园区而言，在经济贡献、吸纳地方就业、促进地方经济与文化影响力等方面相比较企业经营要重视得多，由于资金规模的不同，前者的服务规划也相对更加系统。

在带动内部工业设计企业的发展方面，园区的职能相当于在局域区域搭建一个"微型产业生态系统"，用于模拟成熟工业化机制下企业能够在社会环境中获得的各类建设资源（见图 7.2）。我们可以从广东省政府重点项目，同时也是部省共建、省区共建项目的"广东工业设计城"规划方案中了解到这种产业生态系统的轮廓。①建成三个基地：工业设计服务外包基地、新型产业孵化基地、原创产品研发基地（见

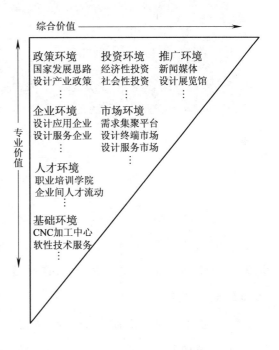

图 7.2　工业设计产业园区的职能模型

图 7.3）；②打造六个平台：交易服务平台、金融服务平台、成果转化服务平台、人才引进及培训服务平台、共性技术研发平台、品牌推介平台；③建设九个主要项目：顺德工业设计园、国家工业设计实验室、国际工业设计交流中心、设计广场、设计酒店、工业设计资讯中心、广东工业设计研究生学院、设计博物馆、设计创新体验馆。上述规划体现了一个有关工业设计产业微型生态系统的主要特征：基础设施、人才环境、企业环境、市场环境、金融环境、推广环境和政策环境等。

图 7.3 广东工业设计城规划图

（资料来源：广东工业设计城规划方案）

在促进地区制造业发展方面，由于在全球化背景下，国内制造业企业自主创新的转型升级压力普遍存在，因而相当一部分省市地区，特别是拥有制造业基础或文化消费比重日益增长的区域，不论其制造业的主体类型属于设计驱动型、技术驱动型，也包括部分加工驱动型制造业企业，对于设计创新，特别是围绕产品的工业设计创新的需要都是迫切的。国内千余家的设计园区则初步通过实施全国范围内的工业设计服务企业聚集从而形成了若干"区域创新热点"（*hot spots*），借以成为地区制造业工业设计综合业务的有力外围，这对于一些缺少设计部门构成的制造业企业具有重要意义。

7.2.2 工业设计行业推广平台

工业设计产业是"设计经济"形态的一部分，两者均是"知识经济"系统下的产物（Simon，1981）。由于无形化的知识需要通过消费者内心的认知共鸣得以实现预期价值，因而无论对于产业自身的发展还是市场需求的拉动而言，信息传播都将在很大程度上将扮演价值传导作用。从价值构成上看，由于工业设计的消费结构侧重于使用性消费与文化性消费的结合，因此一旦社会认识程度较低，将显著增加价值内容在实现过程中的不确定性。无论是备受推崇的德国"红点"（*red dot*）与"IF"工业设计奖，还是颇具影响力的英国设计博物馆与韩国工业设计中心，在实质上都是上述信息传播的载体。

工业设计介入产品研发和制造流程的成本之所以高出很多学者和研究人员的设想，原因在于设计价值在微观层面基于一类"选择性结构"（Baldwin，2000）。无论是对企业资源的选择，还是对产品及企业战略的选择，实则都蕴含预期收益难于评估的风险。一旦工业设计的创新失败，就意味着整个产品的生产思路与流程都要随之进行调整。工业设计看似缺少专用性资产，事实上这种专用性体现在企业的生产体系与产品战略中间。包括通信终端领域的西门子移动公司（Siemens Mobile）、诺基亚公司（Nokia）等在内的众多案例足以证明，相比较一两款具体产品的市场得失，底层战略性产品原型的设计失误所付出的代价是何等惨痛。国内大部分制造业企业，特别是处于非行业领导地位的制造业企业对工业设计介入的被动回避，原因就在于在延续原有产品设计体系与采纳改良型、创新型产品设计体系之间的综合利弊难于定夺，而实施恰当的推广与宣传工作则有助于缓解上述局面。

另一方面，文化性消费不成熟导致的社会认知度偏低也使得国内的工业设计推广工作相对于发达国家而言更为重要。在产业结构上，通过不断将工业设计的认知从专业层面、行业层面进一步向市场层面、政策层面与社会层面进行流动与扩散，产业的规模和体量才能有机会真正转化为效能与市场收益。

各级工业设计协会与相关工业设计促进组织构成了产业推广平台的主体，内容包括综合宣传与设施建设两个主要部分，后者通常融合了地区政府的支持。在宣传方面，具体包括举办工业设计竞赛（如中国创新设计红星奖、广东省长杯等）（见表 7.1）、论坛（如香港设计周等）、博览会（如顺德国际工业设计创意博览会等）、促进企业科研成果转化、进行工业设计产品孵化（如 DRC 产品孵化基地）等社会性活动；设施建设方面，行业协会、促进组织通过辅助地方政府，兴建了包括设计博物馆（如上海市设计博物馆）、信息知识库（如北京 DRC 设计图书馆、广东省工业设计城"工业设计数据库"等）等机构。在具体的推广工作中，中国工业设计协会与地方工业设计协会虽然积极运筹，但推进和实施的过程也遇到诸多阻力。行业协会的民间团体性质使其在产业建设中仅具有宣传职能，而缺乏更为重要的约束力。

表 7.1   2010 年至 2011 年间中国工业设计评奖情况统计

奖项名称		设立年	奖项定位	评奖侧重点	分项数据									
					参选企业（或作品）数/个	同比增长率	获奖作品数/项	同比增长率	国内覆盖地域/个	同比增长率	国际覆盖地域/个	同比增长率	奖项设置/项	同比增长率
国内奖项	红星奖	2006	促进国家设计创新水准，提升中国设计国际影响力	创新品牌社会价值	1135	970%	240	22.5%	28	7.7%	18	28.6%	242	22.2%
	红棉奖	2006	促进国内设计行业创新能力：企业与个人	创新市场知识产权	1121	0	76	-66%					16	-64%
	广东"省长杯"	2007	巩固广东设计强省地位，推动各地区设计合作加快设计产业转型升级	产业化、职业化	3720	650%	60	150%					24	20%
	中国设计业十大杰出青年	2005	发现青年设计人才，树立自主创新楷模	锐意创新，提倡创新型现代生活方式	实业型代表人数	同比增长率	研究型代表人数	同比增长率	跨界代表人数	同比增长率	女性比例	同比增长率		
					5	-44%	5	400%	2	200%	3%	300%		

（续）

奖项名称		设立年	奖项定位	评奖侧重点	参选企业（或作品）数/个	同比增长率	获奖作品数/项	同比增长率	国内覆盖地域/个	同比增长率	国际覆盖地域/个	同比增长率	奖项设置/项	同比增长率
					分项数据									
国际奖项	IF 产品设计奖	参赛国家/参赛作品/获奖作品				中国获奖产品				同比增长率				
		48/2923/863				18				20%				
	红点产品设计奖	60/4433/N/A				22				−18%				

注：资料来源：中国文化产业年度发展报告 2012. 北京：北京大学出版社，2012.

国内工业设计产业的推广平台建设基本依循国际经验开展各项工作，但在推进主体的性质上却存在关键性差异。相比较英国设计委员会、日本工业设计促进会、韩国产业设计振兴院等政府性质的部门或机构而言，国内各级工业设计协会在政策制度保障、行业约束力、市场规则的建设完善以及政策干预等方面的职能显得十分有限，亟待设置政府直属的工业设计产业主管部门。

7.2.3　工业设计职业教育平台

工业设计的价值原型产生于设计者主体，并非技术性或资源性的价值结构，因而其产业性质是典型的智力密集型与知识密集型产业，知识结构呈现系统与整合的相应特征。这就要求工业设计从业人员既需要拥有较强的创意性与创新性，同时也需要对生产制造相关的流程与技术原理有深入的了解，达成两者在不同情境下的价值创造。仅能够实施样式创意或形式技法等工作内容尚不足以称为典型意义上的工业设计师 ——这一点常被国内的企业与设计人员自身所忽视。

从产业结构上看，由于产业间的经济活动实质上是价值的批量化生产、流通与实现的综合过程，因而作为价值诞生的原点，工业设计职业教育平台是整个产业基础设施的核心，在我国主要呈现以下四类形态。

第一类是以工业设计综合知识结构教育为主的高等院校，这是国内工业设计产业结构的教育主体。截止到 2011 年年底，国内开设设计学科的大专院校已超过 1700 所，在校学生约 140 万人；开设工业设计学科的大专院校也已超过 500 所，在校学生约 10 万人，年平均毕业生约 3 万人。从调查中可以发现，国内高等院校中的工业设计教学思路在很大程度上继承了包豪斯（Bauhaus）的传统体系，在知识结构的搭建上以技法与原则为主要内容。上述知识体系的优势在于能够使学生对工业设计的基本流程与创意思路有所了解，但对于特定设计成果背后的系统性、社会性原因却普遍存在认知上的不足，致使学生容易将思考局限在单一的产品维度，造成具体的设计方案与生产、市场和社会背景的脱节。

第二类是以工业设计就业为导向的专业院校。随着工业设计市场需求的日益增加，专业类院校的出现从业务角度弥补了综合性院校在知识结构上的宽泛性，对于以应用为中心的工业设计领域而言具有重要意义。"广东工业设计职业培训学院"是当前国内专业院校的代表（见图 7.4），其建立的职业导向课程、系统能力训练、赴外学习交流、职业资格认证、职业生涯服务，以及配置的跨领域师资团队、实训设施、合作平台、管理模式、风格校园等内容体现出明确的就业针对性。

图 7.4 广东工业设计职业培训学院鸟瞰规划图

（说明：该学院归入广东省"十一五"重大项目，占地 300 余亩，投资约 3 亿元。

资料来源：广东省工业设计协会）

第三类是高校与企业合作建立的设计科研机构。例如广州大学工业设计专业研究所，其前身为广州大学万宝工业设计研究院，创建于 1987 年，是由高等院校（广州大学）与企业集团（广州万宝电器集团）联合经营的教学实体。

第四类是企业内部的工业设计培训或企业间的工业设计流动性培训项目。例如美的公司与韩国 GK 公司的跨国性人才合作等形式，这些培训项目为国内工业设计的职业教育体系在企业维度上进行了较好的拓展。

7.2.4　工业设计产业政策平台

拥有相对充足的政策规划储备是中国工业设计产业的比较优势之一。这种优势的建立一方面与国内的制度结构有关，另一方面也与国内制造业与国民经济的转型诉求有关，后者对解读政策的着眼点和实施效率方面具有重要价值。从产业演进的阶段性上看，政策体系的逐步完善意味着工业设计的价值开始导入国家意识形态，进而能够在不同程度上参与国家资源的调配。

中国工业设计产业的政策平台建设始于上世纪 90 年代初期，在 20 余年间的建设进程中，一系列开创性事件值得关注，这些事件在一定意义上勾画了一条政策平台建设的时间线索。

1991 年，北京市政府在制订第二个设计振兴五年计划时，率先提出了"在北京工业系统推动工业设计"的号召。随后，北京市科学技术委员会制定了《"九五"北京工业设计发展计划和 2010 年工业设计发展远景规划》——这是国内最早出现的工业设计政策，对产业体系的建设有着重要的先导意义。

1994 年，北京市政府成立了"工业设计顾问小组"，次年成立了"工业设计研究室"，"北京市工业设计促进中心"也在这一年建立。——上述三个机构是我国最早出现的政府性工业设计智库，"北京市工业设计促进中心"日后则演变为北京地区在政府与企业之间推进工业设计产业化发展的主要力量。

2006 年年初，由北京市科学技术委员会指导，北京市工业设计促进中心联合中国工业设计协会、国务院发展研究中心《新经济导刊》杂志社，共同创办了"中国创新设计红星奖"，力争在 8~10 年内将其打造成为中国设计领域的"奥斯卡"。同年吸引了来自北京、天津、上海、山东、江苏等近 20 个省、市地区的 200 多家制造企业总计近 400 余件产品报名参评。——"中国创新设计红星奖"是国内首个以工业设计为核心、面向全国范围进行评选的奖项，在业界取得了颇高的知名度，也有效地促进了工业设计价值在社会不同领域间的推广与传播。

2007 年，北京市统计局对外公布：北京市设计服务业的收入达到 417 亿元，比 2006 年增长了 27%，资产总值达到 874.8 亿元，增长了 22.6%。截至 2008 年 11 月，北京市设计服务业的资产总值已经达到 1048.9 亿元，1~11 月份业务收入 568.5 亿元，成为了北京市经济增长速度最快的领域之一。工业设计跟随设计服务业的概念一起首次被纳入地方政府统计体系。

2008 年年初，上海市经济和信息化委员会制定了"工业设计产业发展三年规划"，其发展的总体目标是：以发展工业设计产业化为主线，努力提升上海城市的综合竞争力，打造中国的"工业设计之都"，在上海基本建成与社会主义市场经济体制相适应并能够支撑创新型国际文化大都市建设的工业设计产业体系。——"工业设计产业"这一概念在政府规划性文件中首次被正式提出，并进一步涉及"工业设计成果转化""工业设计知识产权保护"等一系列有关技术环境与体制机制建设的产业发展议题。

2008 年 12 月，广东省劳动保障厅、省人事厅、省经委和省总工会联合在时任广东省委书记汪洋的批示下，开展了首届工业设计职业技能大赛与首批"广东省工业设计师职称评定"工作。—— 这是我国首个有关工业设计从业人员的职称评定体系。

2010 年 7 月，中国工业和信息化部联合中央十一部委发布《关于促进工业设计发展的若干指导意见》。—— 这份历经近十年酝酿的中央政府文件的发布，标志着我国工业设计产业提前迈入了战略化发展阶段。迄今为止，全国已有 13 个省市地区发布了配套意见，将国内工业设计产业的政策建设推向了全国范围。

通过上述历程可以看出，国内工业设计产业政策平台的搭建总体经历了一个由市场经济建设相对领先，特别是文化消费水平相对领先的省份进行先期积累，进而由中央政府加以统筹并辐射全国的过程，上述路径在一定程度上也显示出工业设计产业的市场属性与文化消费特质。

从机理上而言，工业设计产业与资源类、技术类以及实体产品类等传统产业形态不同，其强调在系统层面对来自于传统产业的创新与竞争要素进行整合，从而使工业生产具备优良的社会文化输出结构，因而在产业整体中，每一个价值单元的创造都意味着对工业生产资源的文化塑形过程。相对于传统产业在物质原材料方面的有限性，工业设计产业因其知识经济特性，在知识与智力原材料方面是取之不尽的，因而对其效能与质量的强化相对于规模而言显然更加重要，也更加符合其产业职能。从这一判断出发，相应的政策规划需要着力克服对于规模化等传统工业经济发展思路的盲目依循，加强其以市场规则为中心的体制机制建设，努力提升在原型设计、产品服务系统设计等深层次价值内容上的政策培育力度。

7.3 实证研究：北京市海淀区工业设计产业的战略平台建设

北京市海淀区工业设计产业战略平台建设（见图 7.5）是对上述平台

研究的具体实证。该地区作为国家自主创新核心示范区，集聚了全国60%的科研院所、研发机构和上万家高技术企业，在高技术领域具有比较优势，因此依托科技优势发展工业设计产业以增加产品创新含量的需求比较迫切。目前，北京市海淀区工业设计产业在应用类企业方面已经形成一定的规模：联想、方正、紫光、汉王、新奥特、爱国者等企业均有自己的工业设计团队；清华大学、北京大学、北京理工大学等40余所高校都开设了工业设计相关课程，人才资源储备雄厚；存在多种类型的工业设计服务企业，所涵盖的设计范围也比较广泛。在2009年中国创新设计红星奖的评选中，海淀区获奖企业和获奖产品的数量均高于北京市其他城区，在全国地区范畴中也处于领先地位。上述条件使得海淀区需要战略平台的建设用以进一步提升本地区工业设计产业的组织架构，使工业设计产业对地区的经济发展发挥更大作用。

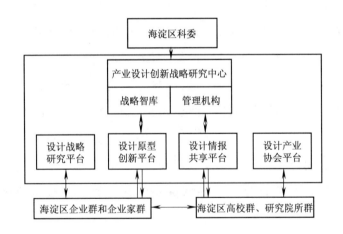

图 7.5　北京市海淀区工业设计产业战略平台规划

　　通过有效推动海淀区工业设计产业的平台建设，能够进一步促进其传统优势产业依托工业设计产业实现战略升级。鉴于海淀区以信息化、科技化为核心的各类生产性资源丰富，工业设计产业有助于将该地区的各类生产资源与文化资本相融合，从而提升该地区现有产业在创新方面的竞争力，并且有助于地区产业结构的升级，使各类工业设计应用类企业在产业环境中得到更大的上升空间，提升地区的经济组织能力和经济创造力，同时也将有助于将科技产品中融入中国文化的丰富内涵，使企业在品牌化、战略化的竞争中开拓新的市场空间，进而带动海淀区在新媒体、动漫等新兴文化创意领域的发展，在此基础上提升海淀区的国际形象，增强其在全球化时期的综合竞争力。

工业设计产业战略平台建设的目的是将尚处于起步阶段、完善程度较低的生产要素进行整合，使之能够在工业设计产业的结构性秩序中得到优势互补的协同发展，因而政策子平台的建设是整个平台层次结构的先导。鉴于发展时间的局限，政府在此阶段需要扮演引导者的角色，通过合理的政策规划与实施，致力于产业基础环境的培育以及产业间各项机制的先期建设。

7.3.1 海淀区发展工业设计产业的地区环境

近年来，在北京市大力发展文化创意产业的战略部署下，海淀区政府制定了一系列与工业设计产业有关的政策，如《关于印发海淀区促进创业型企业创新能力提升支持办法的通知》《关于印发海淀区促进科技型中小企业金融服务专营机构发展支持办法的通知》《关于印发海淀区促进科技中介发展支持办法的通知》和《关于印发海淀区促进重大科技成果转化和产业化支持办法的通知》等，这些政策使海淀区的工业设计产业得到了快速发展，产业的经济总量也实现了快速增长，结构层次进一步得到优化，加速了海淀区经济面向创新型经济的模式转型，提升了区域综合竞争力。作为高科技大区，海淀区在软件、网络、信息、出版等科技相关领域的竞争优势明显，以信息领域为代表的部分产业占据了国内相关产业链的中高端。源于上述基础，海淀区工业设计产业在平台搭建和政策规划上需要结合地区自身的特点，重点建设工业设计对于科研成果的市场转化职能，进而使之更加高效地服务于地区的总体发展思路。

在鼓励自主创新方面，海淀区颁布了《海淀区支持自主创新核心区企业发展政策体系》及20余个配套政策，在此基础上为促进文化创意产业的快速发展，又出台了《北京市海淀区文化创意产业发展规划》等文件。在推进工业设计的产业化发展方面，北京市政府通过出台《北京市促进设计产业发展的指导意见》，提出了打造包括海淀集成电路设计和电子产品设计等九大设计产业园区的决定。为发挥区域优势，推动海淀区高新技术产业和信息服务业进一步发展，探索和实践海淀区具有区域特色的差异化发展模式，实现北京市建设"世界设计之都"的目标，工业设计产业战略平台的建设与相关的政策规划就必须认真分析海淀区工业设计产业及相关产业的发展现状以及目前存在的主要问题，进而提出全新的发展思路，把握时代机遇，实现海淀区以工业设计带动科技企业自主创新的整体发展。

海淀区作为全国知名的科教文化区，在文化设施、消费结构、经济规模、产业基础等指标方面已具备发展工业设计产业的主体要素。另一方面，北京市在工业设计高素质人才的储备方面独具优势：超过120所高校设置有设计相关专业，独立设置工业设计学科的院校达到30余所，工业设计及其相关专业的在校本科、硕士及博士生共计约3万人，各类中央及地方的设计类科研院所多达400余家。人才优势为海淀区在工业设计产业建设的劳动力资源方面提供了可靠的保障。

总体来看，海淀区发展工业设计产业的基本思路应包括以下三个方面：一是要注重工业设计产业链在技术含量上的水平，使之在生产层面的企业构成上呈现科技性、信息性的特征，加强海淀区工业设计产业对外的辐射性和对于下游相关资源的整合性；二是要将原型结构、产品系统结构的深层次工业设计作为产业建设的核心，使之能够带动地区相关行业围绕工业设计的成果进行合作，也可由此衍生出其他新产业或新行业，促进地区产业结构的升级；三是要把握资源优势，建立示范效应，通过工业设计产业所倡导的文化创意与信息科技的融合，打造海淀区以文化引导科技发展的新形象，进一步拓展地区的社会影响力，使之产生文化辐射和品牌吸附效应。

7.3.2 海淀区发展工业设计产业的政策定位

鉴于工业设计产业对于地区经济的中心职能是改善产业结构，开发新兴市场，使产业中的企业能够获得更大的上升空间，同时对其他产业形成引导作用，因此，海淀区工业设计产业建设的目标应定位于带动区域现有生产资源的战略升级，实现更具效率的科研成果转化，使原有的科技企业实现品牌体系化与战略化等更高层面的发展格局。

具体而言，可以尝试在全国率先建立旨在引导"产业创新"的工业设计战略研究中心，以促进海淀区多元产业的交叉、整合与集成，进而推动产业结构的转型调整，由此形成海淀区特有的、以设计创新性政策支持地区经济建设的区域创新战略。在组织架构上，可以由以工业设计为核心的行业专家、学者、企业家等构成"战略智库"和"管理机构"两个主要分支，在管辖方面隶属于海淀区政府，在性质上定位于政府的派出性中介机构。其各自的主要职能有如下两方面。

1. 战略智库

从国家经济发展方式转型的高度，及时提出符合海淀区发展总体方向的设计创新战略、产业转型升级规划、产业结构创新的路线图，以及促进产业转型的政策建议与政策提案。

2. 管理机构

负责将"战略智库"提出的战略构想和产业结构创新研究方案具体推进实施。包括将政府资助的招标项目通过其下属的各级平台进行委托授权；整合海淀区内外的人才资源，组织产学研相结合的项目开发团队；通过建立具有针对性的市场机制，形成符合产业发展趋势并具备市场效益的"原型设计"成果,进而将这些成果与海淀区的重点相关企业进行对接,促成围绕设计原型的分工体系建设,使相应的设计成果得以实现后续的产业化等。

7.3.3 海淀区工业设计产业战略平台的规划

围绕带动科技产业升级的中心目标,海淀区工业设计产业战略平台的建设可以通过以"工业设计产业战略研究中心"为主导,以"工业设计战略研究平台""工业设计原型创新平台""工业设计信息技术平台"与"工业设计产业协会平台"为支撑的基本架构进行方案规划,以此结合海淀区自身的科技企业优势和院校优势,由政府通过各项围绕生产、市场相关的机制性建设项目对平台进行综合调控。具体的机构设置包括如下五个部分。

1. **工业设计产业战略研究中心**

工业设计产业战略研究中心用于整合海淀区的专业人才优势,形成辅助政府组建持续性政策的"中枢",包括"战略智库"和"管理中心"两个职能机构。其中,"战略智库"主要由工业设计产业领域的相关专家组成;"管理中心"则主要由专职人员和政府派出机构组成。

2. **工业设计战略研究平台**

工业设计战略研究平台的建设旨在充分发挥海淀区的科研力量与研发优势,加大"工业设计战略研究"和"工业设计专业性研究"的相关投入力度。通过深化工业设计研发能力,将海淀区基础科研突出的核心优势转化为发展工业设计产业的政策与战略支撑。该平台在具体的功能上可以设立如政策研究、企业需求研究、工业设计产业发展规划研究、工业设计产业趋势研究等部门,促进工业设计产业创新预研究、生活形态预研究、使用方式预研究和科研成果转化预研究等研究领域,重点推进知识产权保护等工业设计基础服务体系以及投融资机制等工业设计市场服务体系的各项建设。

3．工业设计原型创新平台

工业设计原型创新平台的建设是为了鼓励不同产业领域间的企业广泛开展交流与合作，实现围绕工业设计产业的整合创新，以此促进产业结构的升级与各类科技性创新成果的转化，导入相关公共服务机制并形成具体贯彻工业设计产业创新政策实施的专业性通道。该平台在资源支撑方面将受到政策的重点扶持，为其提供专项资金以及搭建相应的产权交易、人才中介等公共服务，由此形成原型成果与配套政策的对接与融合。

4．工业设计信息技术平台

工业设计信息技术平台是用于为工业设计产业战略研究中心及产业中的科技企业提供各类与设计有关的信息、情报、趋势研究、政策解读等内容的基础设施平台。该平台致力于将海淀区拥有的重点高校与研究单位等机构的智力资源进行整合，使其能够为产业中的企业提供前沿的、具有针对性的工业设计咨询服务。这些信息经过整理，能够有助于形成如"生活方式形态模型库""用户研究知识库""设计工程知识库"等工业设计产业引导科技企业创新所必备的基础性信息框架。此外，"材料与工艺实验室""工程认证实验室""可用性研究实验室"等研究性质的服务内容也可以在此平台下给予规划，从而进一步从技术层面呼应战略规划体系，形成创新合力。

5．工业设计产业协会平台

工业设计产业协会平台的建设用于扶持和强化已有的"海淀区中关村设计产业协会"等促进机构的职能，以协助其拓展如设计展示、设计竞赛、设计人才引进、设计培训、注册设计师认证、设计知名企业认定、设计推广等相关工作。该平台能够进一步在行业监管、成果展示、人才培训、国内外交流、产业推广，以及专业团队建设等方面发挥协调职能，配合促进机构举办设计展览、设计评奖、设计团队评定、设计师评定、设计名企评定等活动，增强海淀区工业设计及相关产业的整体影响力与号召力，此外通过设置设计人才奖励基金、设计企业引导立项等激励措施，进一步促进产业市场环境与相关体制机制等方面的建设。

7.4　本章结论

中国工业设计产业虽然在生产与平台的规模建设上颇具成效，但却没有改变企业参与市场竞争仍显无序的现状与格局。相比较生产能力的持续增长而言，生产关系的建设仍然存在着明显的滞后性，这严重影响了产业的运行效率与促进企业体系化成长等相关职能的发挥，导致企业应用工业设计的成本居高不下，设计服务的价值含量也无法提升至更高的层面，相应产出的成果种类自然相对比较固化和单一。而在四类产业平台的建设过程中，这一中心矛盾被对于规模化的追求所掩盖或回避了。总体而言，企业在产业环境中上升空间的限制所造成的生产同质化正是我国工业设计相关企业不断陷入恶性低阶竞争的主要原因所在。

第8章 中国工业设计产业的发展评价
与数理统计基础

中国工业设计产业经历了 30 余年的建设历程，从 20 世纪 80 年代末期的教育起步到 21 世纪前十年的企业主导，直至当前纳入国家意识形态，整个演进的速度与跨越性都是十分惊人的。1998 年，我国职业工业设计公司的数量约为 40 家，十年后，仅深圳市该数字就超过了 400 家。截止到 2011 年底，我国已有职业工业设计公司总数超过 2000 家，而根据广东省政府的统计，全国工业设计相关企业总数更是已达到 6000 余家。20 世纪 90 年代，仅有北京和上海分别在 1991 年、1997 年涉及过工业设计的政府推动工作，时至今日，全国已有超过 13 个省市制定了工业设计产业发展战略，一些地区，如福建、辽宁等地也在积极酝酿。环顾上述历程，工业设计产业在我国的发展实则已超越了全球任何一个国家的体量和速率。

工业设计产业针对制造业，特别是实体制造业发挥着价值增值与整合创新职能。我国拥有占世界比重 1/3 的实体制造业资源，发展与健全工业设计产业体系将有助于制造业的转型升级，从而带动新一阶段的基础性就业，促成国民经济，特别是工业经济新的增长点。此外，随着经济发展水平的持续提升，国内更多地区将陆续在区域消费结构上发生变化，文化性消费比重的增长将削弱生产规则的支配权，从而进一步拉动市场对工业设计的切实需求。因此，工业设计产业在我国的高速增长既是工业经济以及整体国民经济发展到一定阶段的产物，同时也是消费结构历经变迁的结果。

然而，在表象繁荣的背后，我们仍需对整个国内工业设计产业的发展状况进行客观的认知，定位其中的原理、动因、优劣势、机遇、挑战等深层次现实，才能够突破当前发展中的问题，实现产业整体的持续性进步。

必须看到，作为工业设计产业的主要服务对象，国内传统的劳动密集型与加工型制造业在解决就业方面的能力面对全球产业结构升级的挑战已经开始下降，而其对于资源的高成本消耗更使得国民经济的发展前景堪忧。工业设计的技术手段是将社会文化结构融入工业生产机制，实际上是增进工业生产的市场绩效。另一方面，工业设计通过资源的转化性、知识的重组性、产业的服务性以及社会的公正性等方面对工业生产加以引导，这有助于使产业结构、社会职能及其相互间的关系发生相应的调整和变化。当前，在经济全球化、技术潜能扩延、需求地域化、消费个性化的同时，资源匮乏、环境污染、科技异化等与可持续发展相关的问题对国家发展而言意义更加重大，必须得到充分重视。工业设计产业将通过开展工业生产的文化性创新对此作出针对性的调节与改善。

8.1 形成机理与驱动要素

8.1.1 制造业转型升级促成产业规模化发展

制造业是一个国家经济、科技发展的重要支撑，其自主创新水平不仅决定了相应国家工业化程度与系统素质的高低，更体现着全球化时代背景下综合国力的强弱。在改革发展初期，我国依靠加工型实体制造业在国家现代化进程的第一阶段使得经济规模与就业水平都得到了快速增长，尽管与西方发达国家相比，国内制造业起步较晚，但在改革开放之后的几十年间，通过积极发挥规模化效应，仍然一定程度上积累了自主创新的技术基础，主要表现在科技创新投入总量的迅速增长，以及科技活动产出规模的逐步扩大等等环节。然而，在自主创新的机制建设和运行效率上,我国制造业仍与国际先进水平存在着明显差距。这其中,高度依赖国外技术致使企业的核心竞争力难以稳定和持久,价值链中生产及营销环节过度膨胀造成的单向度价值创造使得企业的品牌体系与跨领域竞争战略举步维艰,加之外部市场环境与体制之间的博弈而形成的局部供求结构的特殊性,这些问题综合导致了我国制造业一直处于低端加工形态和低附加值的国际分工地位。进入 21 世纪以后,企业竞争模式将进一步在全球化语境下展开,相应的竞争内容也将从价格与规模的竞争,更大程度地转向综合品牌体系与产业链能效的竞争。在这一时代背景下,稳定而高效的设计原型与技术原型创新将对制造业的总体发展起到决定性作用。

随着全球产业结构的升级以及 WTO 法则约束性的日益增强,国内制造业的整体发展已开始面临严峻挑战。一直以来,"快速的市场反馈机制"与"高新技术机制"是国内加工型制造业赖以生存的保障,前者关注营销数据的统计,后者则重视技术参数的提升,两类机制共同构成了国内制造业企业的竞争力结构。不可否认,在企业创建初期,这两类机制所形成的竞争力模式为企业站稳市场空间并且实现前期的资金积累贡献了重要力量。然而随着市场层次的深化,以及国际化、全球化战略的导入,"创新性产品""突破性产品"的制造将成为市场对提升企业品牌价值的必然要求,仅凭线性的市场反馈与单一技术指标的提升无疑将难以应对这一挑战,体系化的发展战略也将因此受阻。国内制造业领域的领军企业,如海尔、华为的产品国际化困境有力地证明了这一点。在文化消费结构日益增长的市场格局中,无论高新技术或是即时性的市场满足都不等同于为消费者创造了真实的"价值",相反还有可能由于对用户实际体验的抑制削弱产品的整体吸引力。一旦市场和技术策略无法对制造业企业的成长贡献支撑性力量,由此造成并不断强化的对于"产业主导型"企业的高度依赖将使得自身的竞争力与发展独立性在比较层面快速下降。

从国际制造企业的成功案例来看，工业设计通过文化对生产要素的调节，能够有效地搭建现代消费环境与生产制造之间的桥梁。工业设计聚焦于建立产品与用户之间的关系，而非服务于任何一方的既有规则，强调社会因素对生产的有效引导。在这一点上，部分企业经营者和学者将工业设计的职能完全指向满足用户需求，将人类学、用户研究等等上升到绝对法则的层面，实则是对工业设计本身的曲解与误读。回顾历史，在工业设计自身发展的 170 多年间，任何成功的设计思想、潮流、风格或作品，无一例外都是建立对用户的引导，而不是迎合。

由此可见，制造业企业作为我国工业设计产业的应用主体与主要服务对象，在国际化进程中，品牌体系与创新机制建设的切实诉求促成了我国工业设计产业规模的快速扩大，而工业设计服务企业，即以职业工业设计公司为主的企业类型，则在这一产业发展过程中成为舞台之上的亮点。无论如何，从形成机理角度来看，制造业企业出于转型升级的生存压力所进行的主动性或被动性调整无疑才是国内工业设计产业实现快速发展的真正成因。

8.1.2 危机调整与政策刺激驱动产业提速

我国自 2001 年正式加入 WTO 以后，随着国内市场竞争的复杂化程度日益增强，企业在战略调整上也逐渐从常规性调整趋向规模性的"危机性调整"（Drucker，1998）。加入 WTO 至今的十余年，也正是工业设计产业在我国高速发展的十余年，这之间的联系并非巧合。另一方面，由于制造业是我国国民经济的支柱产业，并且不少的制造业企业都是国有资产企业，因此其生存状况与我国国民经济的综合发展息息相关，政策的介入与助力进而也成为必然，后者则是国内工业设计产业快速发展的另一驱动力量。

在以加工型制造业为主体的制造业企业体系集中面临升级挑战以

来，作为唯一直接面对制造业全流程的生产性服务业，工业设计领域的政策提速十分明显。2002 年 4 月，时任副总理吴邦国指出："工业设计是将产品技术设计与外观设计结合起来，不仅要确保产品的技术功能，而且要给人以美的享受。这方面我国与国外先进企业差距很大，应予重视，否则会影响我国产品竞争力"。2006 年，时任国家主席胡锦涛在中央经济工作会上指出："重点发展金融保险、研发设计、信息服务等产业"。2007 年，时任国务院总理温家宝批示"要高度重视工业设计"。同年，国务院《关于加快发展服务业的若干意见》中强调："大力发展科技服务业，鼓励发展专业化的工业设计；建设一批工业设计、研发服务中心；积极承接工业设计等国际服务外包业务"。《国家中长期科学和技术发展规划纲要（2006—2020 年）》中提出："要增强工业设计与制造业的能力和水平，必须提高我国工业设计的整体实力，促进工业设计作为现代服务产业的发展，从而推动企业创新能力的提升"。2010 年 3 月，国务院政府工作报告明确将工业设计纳入我国重点建设的七大生产性服务业之一。同年 7 月，中国工业和信息化部联合 11 部委印发了《关于促进工业设计发展的若干指导意见》，正式将工业设计纳入国家发展的战略规划。在中央的带动作用下，发展工业设计也被很多地区纳入产业升级、结构调整以及经济转型的重要工作内容。如北京市启动了《北京市促进设计产业发展的指导意见》；上海市制订了《上海工业设计发展三年规划》；广东省出台了《关于促进广东省工业设计发展的意见》以及《工业设计发展的"十二五"纲要》；浙江省印发了《关于加快浙江省工业设计产业发展的实施意见》。此外，山东、江苏、四川等地的类似规划方案也在这一时期集中出现。与此同时，包括联想、海尔、上汽以及三一重工等在内位于行业领先地位的制造业企业也陆续增加工业设计业务的岗位数量，不少企业还相应提升了工业设计主管人员在企业决策结构中的位置。

通过上述情况可以看出，制造业企业生存与发展的危机和政府对这种危机的预判及响应促成了我国工业设计产业在过去十几年间奇迹般的快速增长，如今 6000 余家工业设计相关企业、2000 余家工业设计服务机构的数量已创造了世界之最。正是上述两种力量的强力驱动，使得我国工业设计产业在缺乏原本必需的核心知识、技术、人才、领军企业等因素的情况下得以以逐年增长数倍的速度扩大体量。然而，如果在这种表象繁荣的情况下盲目自信，忽视对于产业市场体系与基础设施体系的建设，则不仅无法实现工业设计对于制造业贡献的高效能，对于其自身而言也难以保证发展的持续性。

8.2 优势与劣势

基于形成机理与驱动要素的分析，我们已能够初步描绘国内工业设计产业发展的主体轮廓，即一组持续扩张的生产结构层与政策结构层，以及一组穿插在其间但却十分薄弱的市场结构层与基础设施结构层。这种略显奇异的产业形态在业已形成工业设计规模化发展的国家中是十分少见的，也折射出我国市场经济体系的计划性烙印。我们将依循这条结构性线索，对国内工业设计产业的综合发展情况进行系统的评议与总结（见表 8.1）。

表 8.1　中国工业设计产业的 SWOT 改进分析模型

特征	优劣势
机理：依托制造业转型升级被动形成 **驱动**：制造业升级驱动，消费结构升级驱动，国家发展转型政策驱动并存	**优势**：规模化和集聚效应；行业协会枢纽；劳动力储备；民族文化底蕴 **劣势**：核心技术短缺；市场机制不足；计划思路牵绊；企业应用成本过高
机遇 **内部**：发展方式转型；产业结构调整；消费结构升级 **外部**：经济全球化；文化类产业跨国化	**挑战** **内部**：领军企业培育；市场机制建设；政策效率和准确度提升 **外部**：制造业全球升级；中国相对于他国的战略角色改变

8.2.1 优势分析

8.2.1.1 产业规模化效应带动生产结构建设

体量积累与规模效应是当前我国工业设计产业的显著特征。近年来，伴随着工业设计相关企业、园区与院校数量的高速增长，产业发展在吸纳就业、促进地区经济结构转型等方面都做出了较大贡献。截止到 2011 年，全国已有工业设计相关企业超过 6000 家，设计创意类园区超过 1000 家，设置工业设计相关学科的院校达到 1700 余所，在校学生约 140 余万人。具体而言，我们可以从以下三个方面对国内工业设计的规模化优势加以了解。

1. 工业设计产业的分工进一步细化

一直以来，国内制造业企业由于劳动力和生产资源等方面的优势供应，加之相对稳定的政策扶持，一直具有绝大多数国家无可比拟的低成本优势，然而这种低成本优势所依赖的代工型、模仿型产品制造模式已遭遇到了市场结构变迁与劳动力成本快速提升的巨大挑战，使得企业亟需改变原有思路，提升产品的创新含量与附加值水平，这给工业设计的融入以及分工的进一步细化提供了重要机遇。与此同时，随着工业设计教育规模的持续扩大，分工的成本也将显著下降，这将有助于为产业的发展提供不同结构层次的人才支持。此外，政策的强势介入使得国内工业设计产业大量呈现集聚化形态，生态体系环境也在不同地区得到集中孕育，这意味着工业设计的产业化分工将不再局限于生产层面，还会进一步向管理、推广及公共服务等方面拓展。

2. 制造业需求进一步提升

在 OEM、ODM、OBM（OSM）系统发展层次中，制造业企业的价值创造依次通过技术复制、产品设计与企业品牌等方式得以实现并进行传递，在实质上可以归于文化结构与技术结构在融合性上的不断提升，因而工业设计的介入将成为企业实施战略化发展方案的必然，一个缺乏设计含量、品牌价值以及文化影响力的制造业企业在当今国际竞争形态的市场中是不可能领先的。在这一点上，国内制造业企业逐步开始面向产品差异化、品牌建设、全球化发展等方面的升级诉求也成为了驱动工业设计产业发展的有力基础。我国经济正处于产业结构调整、发展方式转型的关键时期，全新经济增长点的选择将至关重要。在国内制造业企业的变革过程中，对工业设计的需求将是多元和迫切的，同时也是普遍性和规模性的，一批具有重要影响力的制造业企业，如海尔、联想、上汽等，在关注技术创新的同时愈发开始关注工业设计的投入与产出质量，它们在产品与战略转型方面的成功将促使更多国内制造企业引入工业设计的流程与方法。

3．企业进一步重视工业设计

除了市场的变化与产品的开发需求外，企业建设自身工业设计能力的主动性也在近年提升至新的高度，如广东东菱、漫步者、浙江贝发等大量非行业内品牌领导型的企业也开始纷纷设立工业设计部门，或与工业设计研究机构及大专院校开展设计合作，取得了丰富的设计成果和显著的经济效益。如漫步者等企业在内的产品设计已开始在国际中荣获德国红点奖、IF奖等奖项，而其产品则全部由企业内部的设计团队独立主导完成。以往，我国的制造业企业在全球竞争中无法赢得品牌优势，这其中既有经济发展阶段和消费结构不成熟的原因，也有企业自身，特别是企业领导者意识不足的问题。近年来，以联想、海尔、海信、漫步者为代表的众多国内制造业品牌已明显开始在产品中导入文化内涵与工业设计元素，以此提升产品的附加值，建立品牌的核心竞争力。在全球化竞争格局中，中国企业已试图通过工业设计的融入开拓新的局面。

8.2.1.2　产业集聚促进产业平台结构建设

在政府力量介入工业设计产业建设以来，由于对传统工业经济发展思路的依循，工业设计产业在主要经济区域内开始呈现集聚性发展模式。客观看来，集聚发展仍有助于在局部区域内，利用较短时间促成一个有利于产业发展的资源配置结构，从而解决中长期发展所需要系统培育的知识、技能、市场机制等要素。总体而言，搭建工业设计公共服务平台、建立科研成果转化与企业设计孵化基地，以及建设工业设计产业园区是目前国内实施集聚发展的三种主要方式。

1．搭建工业设计公共服务平台

公共服务平台强调"政产学研商"多种资源类型的协同发展，实现产业组织机制的配套整合，其形式有别于物理层面的企业集聚。以湖南省工业设计创新平台为例，该平台由管理、运行及支撑体系三大板块组成，重点针对交通装备、工程机械、轻工产品及包装领域提供工业设计服务，从研发机制、合作机制以及宣传推广机制等方面推动省内工业设计产业体系的形成。

2．建设工业设计产业孵化基地

科研成果转化是工业设计产业在"技术市场化"职能的重要体现。孵化基地强调通过工业设计的流程与方法促进已有科研成果的市场化进程，将技术环境向终端产品体系加以转化。例如，北京工业设计促进中心于2004年开始主持建设了DRC工业设计创意产业基地，截止到2010年年底，该基地及其协作机构共有在孵企业200余家，种类涵盖工业产品设计及其相关的平面设计、建筑环境设计、工程设计、服装设计、咨询策划等专业领域。DRC工业设计创意产业基地协助入驻企业引入高新技术企业认定、中小企业创新基金申报、在孵企业财政专项资金申报等对企业实效性很强的发展配套机制。与此同时，该基地还组织企业参与北京科博会、文博会、设计论坛、设计推介会、中国创新设计红星奖评选等工业设计产业的推广与交流活动。对于企业而言，这些孵化资源的导入在目前尚不成熟的国内工业设计市场机制与基础设施环境中显得尤为重要。

3．建设工业设计或设计创意产业园区

产业园区建设是目前国内工业设计产业集聚模式的主体，其在规模效应的形成、企业间优势资源的互补，以及品牌影响力的拓展等方面作用显著。如占地面积 $20100m^2$ 的上海国际工业设计中心，总投资约 1 亿元人民币，现已初步建成展示中心、交易中心以及四类服务平台的主体结构；再如，2003 年正式挂牌的江苏无锡国家工业设计园，作为国家科技部批准的国内首家以工业设计为主体的高新技术园区，该园区于 2003 年正式挂牌成立，目前已建成的专业化工业设计体系拥有产品辅助设计、快速成型、展示交易、信息查询和人才培训等五类主要功能，入驻的各类工业设计研发企业达到 250 余家，重点围绕通信、家电、机械、包装等行业，2009 年园区的营收达到 331.26 亿元。此外，北京、广东、浙江等地都是目前工业设计产业园区建设的重地。由于自身价值结构的二元性，使得文化经济与制造经济相对发达的地区都能够找到工业设计产业发展的支点，这在很大程度上拓展了工业设计产业类目和产品种类的多样性，也使得已有的规模化优势得以进一步延伸。

8.2.1.3　行业促进机构成为产业结构间的枢纽

从我国工业设计产业依靠政策引导的初期发展模式来看，促进机构作为政府与企业、社会之间的纽带作用日趋明显，这在一定程度上弥补了产业结构之间的断层现象。

目前，已成立的中国工业设计协会及各省市工业设计行业促进组织共有 20 个以上，运营模式也呈现出多样化的趋势。就普遍意义上的职能而言，全国性与地方性的工业设计协会主要以推广和衔接产业上下层关系为中心，具体体现在以下三个方面：

1）发挥桥梁作用，向政府管理部门及时反馈业界的政策诉求。中央及地方政府近年来不断加大工业设计的政策推进力度与这些行业促进机构的舆论宣传存在重要关联。

2）借助会员优势，推进工业设计教育体系建设。

3）整合不同类型的设计资源与设计需求，为设计企业提供业界资讯，间接提升设计企业的竞争力与社会影响力等。

包括 1978 年经国务院批准成立的中国工业设计协会，以及北京工业设计促进会和广东、浙江等省级工业设计协会与青岛、深圳等市级工业设计协会在内，全国工业设计各级行业促进组织的职能与业务水平已有显著提升，其在政府与企业之间承上启下的衔接作用十分明确，效果也相对比较明显。在产业发展仍处于结构不成熟、体系不完善的情况下，行业协会的串联作用就显得愈发不可或缺。

从国际经验上看，以工业设计协会为代表的行业促进组织主要在产业的基础设施层面承担宣传与推广职能，通过在政府与企业间进行综合协调、举办展会与论坛、开设培训、开展研讨与评奖等活动，逐步使自身成为沟通产业各方的桥梁。在国内各级行业促进机构的努力之下，全国目前每年都有较高专业水准的工业设计展览、研讨会、教育培训课程、行业评奖等活动举行，学术论坛与国际交流也日趋频繁。

8.2.1.4 劳动力储备使产业基础设施得到人才与从业保障

工业设计的知识经济属性使其产业化具有智力密集型、人才密集型的基本特性，这也进一步明确了教育体系在整个产业基础设施层面的核心地位。近年来，国内的工业设计教育规模呈现出逐年快速递增的发展态势，从美国工业设计师协会 2012 年公布的一份全球研究数据看，中国目前已然成为了全球工业设计在校学生数量最多的国家。

现代工业设计教育体系自上世纪 80 年代初引入国内以来，经历了90 年代的积累和酝酿，在本世纪的十余年间得到了快速发展。在经济相对发达的省份，目前几乎绝大部分的综合型院校都设置了工业设计或设计相关专业（如信息设计、交通工具设计、交互设计、人机工程等等），学生报考的热度也在逐年上升。在 2012 年以前，有关工业设计的专业归属问题在我国高校学科体系中一直存在较大争议，归于"文学""工学"

"商学""艺术学"等学科类目之下的情况都曾存在，被包裹性比较强。2012 年以后，随着"设计学"被教育部划入国家一级学科，工业设计在学科体系的各项建设上将更趋规范，这也必然促成整体发展思路与知识结构的进一步完善和体系化。

2005 年，国内设置工业设计独立招生院校的数量为 248 所，2007 年上升至 321 所，截止到 2011 年年底，该数字已超过 500 所，在校学生达到约 10 万人，设计相关专业的在校学生数量更是达到了 140 余万人，约占全国在校学生总数的 5.2%。有学者预测，假设能在未来一段时期内仍然保持这样的教育增长速率，中国的设计师从业人数将很快超过世界其他国家设计师人数的总和。

从我们此前的分析来看，尽管产业实际需求与院校人才供给的"玻璃天花板"现象普遍存在，但却并未降低工业设计院校的招生规模与招生热情。这一现象可以理解为两种原因的综合促成：一方面，随着国内工业设计产业结构与产业体系的日趋完善，工业设计的从业需求已愈发不仅仅集中于实体制造业企业范畴，而是拓展到类目更加多样化和跨领域的品牌型企业，以及政府管理、社会推广、文化建设等多重维度，使得工业设计从业人员不必将选择过度集中在专业知识或技能领域，而是可以在相关行业以及社会推广与行政机构间做出更多考量；另一方面，随着制造业技术融合度的提升及其与信息化领域的整合发展，以"交互设计""信息设计""多媒体设计"等为代表的新兴工业设计领域大量出现。这些数字化工业设计领域相比较实体制造业而言，产业链的流程更短，实施过程也更加灵活，同时企业有形资产的约束力进一步减弱，加之可观的社会需求与收益等因素，使得新生代的工业设计从业者大量涌入，也因此大大增加了国内工业设计产业的整体就业容量。

8.2.1.5 国家文化底蕴深厚促成产业竞争力的跨跃式增长潜质

工业设计自身的二元价值结构能够将社会文化体系融入工业生产机

制并带动其进行社会性创新，使得工业设计产业也因此兼具技术与文化的双重属性。我们由此更加确信，文化创新能力势必将成为实现工业设计产业快速发展并形成持久竞争力的另一关键所在，而被赋予过多关注的样式设计或风格设计仅仅是文化创新体系中的表层而已。

我国有着悠久的历史文化积淀与丰富的文化素材，促使其针对工业生产进行深入的定位分析与融合开发将是我国制造业借助工业设计手段创造和提升产品附加值的重要路径。日本在 20 世纪 70 年代的制造业崛起，在很大程度上正是将其民族文化中巧妙精致的内涵特征通过设计手段与工业生产技术相结合，在保障技术实现度的基础上显著提升了产品的可用性与品牌价值含量，与此同时有效降低了生产制造成本。从而在消费电子等多个领域击败了英国、德国等传统工业制造强国，树立了"日本设计"的牢固地位与核心价值体系，其细腻、简约、强调精神内涵的特质由此风靡世界，如原研哉（Kenya Hara）、深泽直人（Naoto Fukasawa）等日本设计师基于民族文化的独到设计见解也在世界各国的工业设计职业领域中建立了深远的影响。韩国此后的设计崛起如出一辙，但却用时更短，其中的重要原因虽然主要在于其将工业设计上升到"产业结构创新（innovation of industrial structure）"的范畴，由中央政府直接进行统筹与规划推进，但在具体的产品设计应用中，能够取得突破性进步的核心之处仍在于秉持自身的民族文化特质，将优雅绚丽的文化格调融入进工业产品与信息产品的设计之中，全面提升了产品的国际形象与文化影响力，促使自身一跃成为世界设计强国，在芬兰创新局（Tekes）组织的全球设计产业年度排名报告（Global Design Competitiveness）中，韩国已经自 2011 年起跻身并持续稳居世界前十位置。

从我国文化领域建设的具体情况看，由于社会意识形态的差异性，使得中国文化体系在独立性、创造性与表现力等方面还有待进一步深入开拓，并需要积极探索与工业生产机制的融合思路与融合方法。尽管如此，深厚的国家文化底蕴仍将促成工业设计产业竞争力的跨越式增长潜质，这对于产业的持续性建设而言显得尤为重要。

8.2.2　劣势分析

8.2.2.1　生产结构的劣势

1. 缺少应用工业设计的核心技术

我们可以从以下两个方面对此加以认识：

（1）**欠缺完善的工业设计知识管理机制**　工业设计产业的形成源于知识经济的兴起。作为一类典型的知识与智力密集型产业，工业设计的价值原型产生于设计师的脑海，而非某种可供简单复制的技术性结构，其知识属性侧重于"意会性知识"（*tacit knowledge*）范畴，与相对利于传授和整理的"描述性知识"（*explicit knowledge*）存在很大区别。在全球经济一体化的今天，信息的高度透明化、扁平化和共享化特征使得企业需要借助完善和体系化的设计知识管理能力，才能够维持高效而持久的工业设计创新能力。意大利的 Alessi、美国的 IDEO 等设计公司的成功都与设计知识的管理体系与管理能力息息相关，其使得公司的设计能够及时掌握领域动态并快速学习设计的技术融合方法，大大提升了设计方案的可实现性。在中国制造业企业经由 OEM、ODM、OBM（OSM）的制造模式升级过程中，如何对企业内部的工业设计资源与信息进行有效统筹，从而带动与生产过程高效融合的文化性、社会性创新，将是建立企业综合设计能力的重要环节。

（2）**欠缺原理性的技术创新作为实施工业设计的支撑**　工业设计面向制造业企业发挥"资源价值化"与"技术市场化"作用，将企业的技术语言转化为产品语言，因而设计成果实现突破的程度将与技术的原始性高度相关。从实施过程上看，深层次的工业设计，如原型设计、产品生态系统设计等相当于一个"资源组织架构"，将企业的生产资源依据设计规则进行以价值构建为中心的整合创新，如果企业在自身的原始技术能力上无法保障这样的深度整合过程，则真正优质的工业设计成果也难以成型。以国内平地机的工业设计为例，虽然产品的基本结构和主要功能与国际领先产品没有根本性差异，但由于核心技术大量引进，因此只能依靠二次开发进行新品设计，造成设计的同质化问题十分普遍，缺乏对于全新功能与使用操作方式的设计开发，导致产品的竞争力始终停留在较低层面。从这一领域性的侧面也可以看出，不少国内制造业企业的生产资源结构由于长期以来的技术引进模式已变得相对固化，使得工业设计的创新空间已然变得十分有限。

2. 企业管理者尚缺少工业设计的应用意识，普遍避免主动的工业设计创新

由于工业设计对应企业的产品专用资产，因而若不进行生产资源的重新调配，使新旧资源结构得以更迭，就难以造就创造性、突破性的设计产品，加之过程中缺乏市场机制与针对性政策环境的保障，使得国内绝大部分长期依靠模仿代工作为生存模式的制造业企业普遍回避工业设计上的主动创新。从企业管理者的角度而言，长期以来形成的生存手段与思维方式使得其在面对工业设计创新时往往变得裹足不前。我们可以通过以下三个侧面对此加以了解：

（1）**对模仿性设计高度依赖**　虽然国内工业设计行业促进机构近年来不断增强对企业进行设计创新的推广与宣传，但事实上绝大部分国内制造业企业的管理者仍尚未形成对工业设计的基本认识。长期在设计、创意等环节实施低成本的模仿、抄袭思路已使得企业管理者对此形成了较为严重的依赖心理，这种业已固化的思维惯性通过大部分企业管理者仅看重产品在技术、营销和管理等方面的指标间接体现出来，工业设计因此迟迟无法纳入产品开发的成本结构。不可否认，模仿性的生产制造观念能够帮助企业维持生存期与成长期的高速增长，然而在实施国际化的战略升级与自主创新转型方面，仿制设计终究将是无法立足的。随着WTO规则的持续植入，国内制造业企业若希望参与更高层次、更大范围的市场竞争，产品的设计创新将变得愈发不可或缺。此外，由于国内尚未对工业设计从业人员进行资质等级评定，加之市场机制建设的滞后性所导致的恶性价格竞争也使得各类设计仿制现象层出不穷，严重制约了国内工业设计产业的良性发展，以加工型为主的制造业体系多年来强调的"引进、消化"思路令设计环节成为肆意仿制与简单改良的温床。产品原型、产品服务系统等深层次的工业设计创新往往只存在于极少部分设计师的个人追求之中（见图 8.1），在广义的产业内部十分少见。

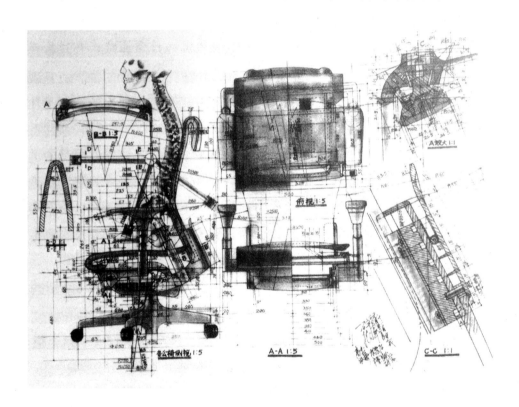

图 8.1　在原型层面实施工业设计的办公椅方案

（资料来源：石振宇，等. 解读工业设计密码. 太原：山西人民出版社，2011）

（2）**"技术创新"与"市场反馈"主导企业产品战略**　高新技术创新与快速市场反馈在很长一段时间内主导了国内以制造业企业为代表

的产品形成思路，但作为企业管理者需要意识到，这一思路的效果实际上与特定的消费结构形态高度相关。当必需品消费、用品消费等基础消费形态主导市场时，技术与数据能够在很大程度上解决产品销量增长中的主要矛盾。然而随着服务型消费与体验型消费的日趋深入，单纯的技术指标与销售数据将愈发难以契合用户需求，也进而愈发难以把控市场的走势。在技术、市场与文化三者的融合方面，工业设计则能够发挥自身"技术市场化"的优势，将产品生产与消费者的生活方式有机地联系起来。随着市场经济的愈加成熟，设计规则与相应领域产业标准之间的关系也将更加紧密。目前，国内制造业及相关领域的企业普遍仅重视市场与技术的变动而轻视或忽视设计的作用，这种单向度的产品管理模式与战略定位极有可能造成未来持续性的资源内耗，从而无法获得真正能够持久与国外领军企业同类产品相抗衡的综合性市场竞争力。原国务院总理朱镕基在视察上海时曾经指出，上海产品与国际市场优秀产品的最大差距就是设计不行。这其中，产品设计能力的提升绝不仅仅在于提升设计师个人具体的设计技能，而更加取决于企业资源结构对于设计过程的系统支持。

（3）**缺少品牌领军企业的标杆作用**　品牌价值含量对于当今参与国际竞争的生产型企业，特别是制造业企业而言，已变得举足轻重，工业设计通过在产品生产机制中融入文化认同得以建立并强化企业的品牌内涵，然而国内制造业企业在这方面的积累却普遍还停留在较低水平，原型设计、产品服务系统等类型的工业设计创新无从开展，仅依靠产品的形式差异或价格优势对于企业品牌的贡献已十分有限，并逐渐使这些企业失去了在全球市场中的游走空间。

中国目前还缺少类似苹果（Apple）、索尼（Sony）、三星（Samsung）这类借助工业设计制胜的制造品牌，对于整个国内制造业群体而言，尚缺少品牌领军企业的带动作用与辐射力，产品的附加值含量也总体不甚理想。以钟表制造业为例，我国仅深圳市的钟表产量就已占到全球钟表总产量的 70%，然而国内钟表业的产值却不足世界总产值的 10%。2011
年，福建省出口海外的钟表平均一块为 2 美元，同期瑞士出口的钟表平
均一块却达到 537 美元，相当于前者的 270 倍。为改变这一局面，福建
钟表协会负责人决心在自身经营的企业中建设 24000m^2 的工业设计研发
平台，筹建全国乃至全球钟表行业的"工业设计与创意研发中心"，逐步
将自身打造成为钟表领域的品牌引领性企业。从国际经验看，工业设计
之所以在今天的企业品牌体系中变得如此重要，在于其通过对产品意义
和文化内涵的刻画，匹配了人们更加主体化、多元化的生活方式与价值
诉求，使企业的产品和定位不仅有明确的功能性，还具有深层次的魅力
和感染力。品牌领军型企业能够对此在领域内的企业群体间起到示范和
引领作用，因而在产业建设中具有重要的战略意义。日本、韩国工业设
计产业及其产品体系的强势发展已经证明了这一点，如索尼、夏普、三
星、LG 等品牌龙头企业对于整个产业具有明显的驱动能力，我国政府
部门在对工业设计产业化发展的促进工作中应当对此给予充分重视。

8.2.2.2　市场领域的劣势

1. 缺少基本的市场竞争秩序

工业设计产业因其知识经济与消费选择的特征，在性质上属于中高
级市场经济下的产物，因而产业的健康发展在很大程度上有赖于一个相
对健全、公平的市场竞争环境，特别是在知识产权、人才资质评定等市
场配套机制方面需要有力的政策与制度保障。从产业内部的服务市场来
看，工业设计的价值产生于设计师主体针对工业生产资源构建文化传达
形态的综合过程，如果产业内部的市场体系与机制建设不能有效地保护
这种价值在市场中的运行与增值过程，则相应的阶段性价值成果载体将
很容易被不同的企业进行低成本或无成本的模仿与抄袭，从而使整个产
业陷入恶性的低层次竞争模式之中。以国内涉及工业设计的知识产权类
型为例，在样式设计、功能设计、原型设计到产品服务系统设计所组成

的工业设计成果体系中，分别包括外观专利、实用新型专利和发明专利等基本类别，但实际的评定过程却明显反映出上述专利在条款的设置上仍有大量保护性缺口可供仿制、抄袭等行为加以利用。

2．民众的设计消费意识不足

从产业外部的终端消费市场来看，在涉及民众的文化消费意识、理性生活方式以及促进设计价值的广泛认知等方面，政府及领域相关机构的宣传、推广与普及工作还需进一步深入。我国地域面积广阔、人口数量众多，总体发展正处于严重不平衡的社会转型阶段，多种经济形态并存，居民消费结构和消费层次也相应比较多元化，其中既有大量的必需品、功能类产品消费，又有相当规模的文化产品、体验产品及奢侈品消费，这种复杂的消费现状使得工业设计往往难以为企业的产品快速带来稳定的销售业绩，因此也就容易使得企业经营者和政府管理人员错判或误读其价值。鉴于生产规则主导市场的领域在国内仍然十分普遍，加之固有消费观念的束缚，使得针对文化性消费的培育，特别是对于新兴、理性生活方式的倡导与宣传，都将对改善工业设计产业的内需结构起到重要作用。与此同时，由于社会工业化体系在我国经济形态中还未深入扎根，也使得作为新兴业态的工业设计在与整个社会的协作性产出方面面临层层阻力。这些都是政府、企业与相关职能机构亟待突破的难题。

8.2.2.3 政策领域的劣势

1．计划经济思维的牵绊

工业设计产业的增长因其技术与文化的融合属性，在根本上将取决于"用户选择"，而非"生产选择"，其内在的逻辑特征也是一种以对于各类选择进行传达性匹配与整合为中心的思维结构。因此，市场体系与市场机制的建设是工业设计产业取得良性、快速发展的关键，也是自身产业结构优化并带动相关产业升级的工作重点和难点。改革开放以来，我国工业化建设依靠计划经济思路进行技术与生产线的批量化引进，使得劳动力规模优势得以充分发挥，集聚性的发展模式也使得差异化生产资源得到互补，在相对较短的时间内解决了供求严重失衡的产能性矛盾，也使得社会工业化深入程度不足导致的分工性缺失这一短板并未凸显。然而，改革开放初期强调的工具性、功能性供给的消费形态已与当今服务经济、体验经济主导的消费模式存在很大差异，市场决定权随着功能层面消费需求的日趋饱和已经逐步转移到消费者手中。作为中高级市场经济下的产物，工业设计兼顾生产与文化关怀的用户式价值模式创造能够在更高级别的市场竞争中获得显著的比较优势，但这一切都需要在市场化意识与环境中才能得以体现。由于我国经济环境在体制与市场的长期博弈下并未得到稳定而持续的体制机制建设，加之对于旧有工业发展思路的经验性依赖，致使长时间以来形成的计划性思维方式在驱动以工业设计产业为代表的知识类战略性新兴产业时，尚存在大量忽视市场规律与竞争规则搭建的计划经济思路，使得工业设计的产业化发展因市场体系建设的薄弱而困难重重。

2. 政策促进尚未深入企业主体

根据我们此前对于应用生产结构的分析，当前国内工业设计产业的生产主体应以"技术驱动型制造业企业"为核心，以"设计驱动型制造业企业"与"加工驱动型制造业企业"为补充进行总体生产布局，然而这三类企业对于工业设计的需求实则还未被充分激活，对于工业设计的导入也大量停留在较浅层面。上述现状在一定程度上反映出相关职能部门还普遍缺乏切实有效推动工业设计产业发展的针对性政策与布局规划，使得产业从整体到局部仍处于战略导向不明、市场化扶持不利的艰难发展阶段。尽管国家部委以及省市地方相关部门纷纷出台了促进工业设计发展的指导意见文件，然而其中的具体条款设置对产业内部实际供需关系的触动却十分有限，政策内容大多还处于不计资源投入成本的愿景设想阶段，能够真正落地实施的操作性路径还比较少。此外，很多政策部署的制定片面追求产业发展的规模化，没有认清工业设计产业的职能与特性，也因此难以真正惠及企业主体。政策的进一步细化与落地是当前政府在工业设计产业推进工作中的当务之急。

3．对于中小企业的政策优惠不到位

工业设计对于企业而言是一种智力性的投入类型，目的在于创造产品兼顾功能实效与文化认同的综合性价值，因而相比较资源性、技术性的投入方式在收益的保障方面存在着更多的不确定性。一方面，从国内应用工业设计较为普遍的制造业领域来看，中小企业的比重仍占据绝大多数，在这些企业运用工业设计手段进行产品研发的过程中，通常要在一定程度上改变当前成熟产品的原材料结构、资源配置方式，甚至现有的生产制造流程，其中涉及的研究开发成本与风险抵御能力建设通常是中小型制造业企业不愿触及或难以支撑的。另一方面，以职业工业设计公司为代表的工业设计服务类企业同样普遍由中小型及微型企业构成，缺乏必要的资金规模使其难以获得银行的信贷，加之工业设计市场结构建设不完善导致的投融资渠道缺失，致使很多职业工业设计公司的发展仅能依靠单一性的产品业务积累，实施体系性、战略性扩张的速度十分缓慢。此外，由于工业设计的产业化发展对于从业者的专业知识与技能含量要求较高，特别是强调创意能力与具体生产方式的匹配性，因此在涉及劳动力的综合素质建设、相关技术资源配置等内容的投入方面，相关政策也亟需给予中小企业必要且实质性的扶持，使之能够降低政策使用成本，融入社会性的领域共建，从战略与可持续角度推进国内工业设计产业的整体搭建进程。

8.3 机遇与挑战

8.3.1 机遇分析

8.3.1.1 内部机遇

1．工业设计生产体系在发展方式转型的背景下更有利于被企业引入

生活方式的变革将加速传统产业的升级，与此同时催生大量更加贴

近市场的新兴业态，工业设计产业无疑将在这一过程中扩大自身的规模并推进职能的延伸。当前，我国正处于发展方式转型的关键历史节点，其中，优化产业整合机制，提升企业的综合创新能力是重要的落地实施环节，能否通过应用有效的创新思路与创新手段挣脱全球产业分工的低端格局以及日益严峻的资源约束，将是我国以制造业为代表的工业企业得以保障生存并实现持续成长的要点所在。在政策与产能的带动下，将有更多的制造业企业以及依靠产品创新、品牌创新实现持续发展的服务型企业开始重视工业设计输出的整合优化与文化传达价值，进而有助于扩大工业设计产业的整体投资规模，改善产品的成本结构，带动工业设计产业的系统增长。与此同时，更多着眼于产业化发展的工业设计服务配套机制与服务机构也将随之设立。

2．工业设计市场体系将受益于经济模式转变与消费结构升级

作为中高级市场经济下的产物，工业设计产业呈现出"功能性消费"与"文化性消费"相融合的二元消费特质。随着经济增长模式的不断改变，国内整体经济水平相对较高的地区基本完成了由必需品和用品经济为主体向服务与体验经济为主体的过渡，使得"文化性消费"的比重得到大幅度增长，由此也为工业设计产业的市场体系建设提供了快速发展扩张的重要机遇。市场需求的增长将进一步作用于企业自身的核心竞争力建设，使其更加重视产品的创新与品牌的开发，最终形成更加良性的市场竞争环境与供需秩序。此外，伴随着市场经济的高级化进程，设计规则对于资源支配属性的提升将使之愈发趋近于产业标准，这一点必须得到生产者、决策者的充分认识。

8.3.1.2 外部机遇

1．经济全球化使各国工业设计领域的联结日趋紧密

经济全球化的重要成因是资讯和信息的全球化，互联网在沟通与共享机制上的不断深化将使得各国工业设计领域的联系日趋紧密，由此降低了我国工业设计产业学习与借鉴发达国家经验的综合成本，同时也可以进一步促进中外工业设计领域的广泛交流。全球化时代的竞争在核心层面实则是文化范畴的竞争，资源、技术、生产等传统竞争手段已逐渐开始被文化所整合，用以发挥新的要素性职能。对于以制造业为国民经济支柱产业的我国而言，竞争内涵的改变将使"中国设计"这一概念相比较"中国制造"而言，更加凸显其在当今全球经济发展格局中的潜力与重要性。可以预见，中国工业设计产业的整体进步不仅对于我国市场经济的深化以及促进生产与市场之间互联能力的增强有着先导意义，其在构建完整的"亚洲设计价值观"以及将中国文化融入全球文化大环境等方面，都将扮演重要的纽带作用。此外，全球化发展中所面临的生态、环境、资源约束等平衡性矛盾，将使得旨在修正工业生产体系的工业设计产业承担更多经济建设以外的社会职责，从而进一步以社会视角推进工业设计的产业化进程。

2．文化类产业跨国化将改变全球的技术优势格局，使工业设计产业有机会进入主导性产业范畴

运用社会文化体系优化工业生产机制是工业设计实现产业化发展的职能基础，因而文化类产业自身的发展也将对工业设计的产业化进程产生显著影响。当前，文化产业体系在全球兴起的核心特征集中表现在跨越国界的限制，使各国文化形式和文化内容得以沟通与交融，从而构成了文化业态独特的包容性竞争优势。我国现代化进程起步较晚，相对于经济建设在过去 30 年间所取得的巨大成就，文化领域的建设还存在着比较明显的滞后性，这也为文化业态的发展提供了广阔的舞台。相比较经济建设的指标性与数理性，文化领域的建设因其概念更加抽象，因此在显得更为复杂的同时也存在更多机遇，使得不同国家的优势条件与优势资源得以在文化价值中重新找到平衡。发展具有国家特色的工业设计产业，需要重点了解具体国情下的工业生产机制与社会文化特质，用以促成两者的有机结合，在这方面，我国政府职能部门、企业管理者、设计从业者的探索与实践还有待进一步深入。能否充分抓住文化产业跨国化的重要发展机遇，将直接影响工业设计产业的国家定位与战略导向，其中也包括其提升制造业转型与升级的综合效率。

8.3.2　挑战分析

工业设计作为一种新兴产业形态，尚处于中国工业经济的"体外循环"，这一现状在很大程度上源于我国的社会工业化机制尚不健全，工业设计产业发展所需的意识形态、技术知识以及市场资源等各类配套环境还很匮乏，能否与国内特定的社会工业化机制相融合将是我国工业设计产业发展所面临的中心挑战。在生产、市场、政策等产业结构层面上，可以对上述挑战做如下延伸。

1. 生产层面上，能否培育领军性的工业设计应用企业与工业设计服务企业

领军企业对于整个产业的导向与辐射意义十分明显。在目前我国工业设计产业的生产体系中，长期加工型制造模式所形成的"引进 —— 模仿 —— 制造 —— 价格战"等惯性思路造成企业间的同质化现象严重，而产品的同质化只是企业运营模式同质化的一个缩影。由于国内大多数制造相关企业的成长还没有上升到品牌竞争、战略竞争的层面，加之中小型企业占据其中的绝大部分比重，因而工业设计产业的介入还普遍处于较浅层次。随着全球化竞争时代的来临，如果企业缺乏突破性、创新性的产品设计原型—— 即原理或产品生态系统层面的设计成果，将愈发难以在市场法则充分发挥作用的国际竞争间立足。通过日本、韩国的案例可以看到，工业设计产业内的领军企业在带动产业中其他企业整体发展方面的效果十分明显，国家也进而能够对这些领军企业的工业设计能力进行阶段性的集中拉动。一旦能够从"战略规划 —— 原型设计

与开发 —— 商业模式构建与实施"的产业战略与产品生态角度获得突破，将有机会使一批企业结成围绕此环境的战略同盟，从而带动产业发展水平的系统提升。

2．市场层面上，能否建立有效的各级市场运行秩序和保障机制

在缺乏市场机制保障的情况下，真正意义上的工业设计创新对于企业而言，其应用成本还显得比较高昂。所谓市场机制保障，一是对于公平竞争的保障，使企业自身的工业设计创新成果在应用与流通过程中得到产权及相关权力的保护；二是开发与扶持方面的保障。从培育整个产业发展的角度而言，制造业企业，特别是中小型制造业企业的工业设计开发亟需得到政策、资金、技术和人才等方面的针对性支持。在资本市场尚不发达的情况下，国家设置不同类型的配套机制实施工业设计的开发扶持，将成为促进企业应用工业设计的重要动力。

3．政策层面上，能否使政策规划进一步触及产业供需实质

从价值流动的视角看，工业设计产业存在两次明确的消费节点：第一次是在产业内部应用企业与服务企业间的供需消费阶段，第二次是在面对民用市场的终端消费阶段。在国内工业设计产业的政策布局中，还明显存在着重规划而轻路径的现象，这造成了在资源投入与具体目标设置上的不甚明确。如中国工业和信息化部在颁布的《指导意见》中提出："到 2015 年，培育出 3～5 家具有国际竞争力的工业设计企业，形成 5～10 个辐射力强、带动效应显著的国家级工业设计示范园区，使国内工业设计的自主创新能力明显增强。"但对于"具有国际竞争力的工业设计企业"在特征上如何描述等问题却没有提及。这类问题容易造成不同执行主体之间的认识偏差，进而导致资源使用效率的下降。此外，在具体的政策制定方面，能否突破计划经济思维的束缚，设置政府引导与市场主导相结合的政策体系，以及能否落实更加高效的工业设计资源共享机制等在内的基础设施建设，都将是中国工业设计产业在政策层面所面临的重要挑战。

8.4 数理统计评价基础

由于此前国内对于"工业设计产业"的定义、分类等问题涉及较少，因而政府部门与职能机构相应的管理与统筹工作始终难以有效开展，这在一定程度上影响了从数理与统计层面对于整个产业进行更加直观的认识。

统计指数（*statistical index*）反映的是复杂现象的综合数量变动情况，其既是对系统中各个单元的具体变动进行抽象综合的结果，也是反映所有单元变动平均水平的一个有效标尺，体现着被统计对象的整体发展状况。从效用上看，借助统计指数的数理分析特性，并将其运用到衡量工业设计产业的规划与具体建设实施当中，将促使产业的复杂形态能够以一种相对更加简单、直观的形式加以呈现，同时把握产业的内在健康状况与综合发展水平。

当前，工业设计的量化评价思路还普遍集中在对于单个产品设计进行投入与产出的比重测算阶段，并且很多相关工作也由于难度较大而浅尝辄止。不可否认，具体工业设计工作的实施过程因其价值特性，通常涉及包括自然、社会、科技、文化以及生理和心理等在内的多方面要素，与此同时，解决某个具体的设计问题也总会存在形式、功能等等多种实现路径，致使工业设计过程中的变量往往显得过多而难以统筹把握。

这一矛盾将在产业层面得到解决，我们依据工业设计产业结构的组成，将其内容投射到相应的统计结构上，通过数据采集维度、采集样本的分析与划定，使产业的统计与数理分析思路得以初步成型。受限于篇幅的原因，我们在此仅对统计方法作出基础性阐述，具体的指数框架与指标样本请见本书的附录 A（工业设计产业发展指数体系框架）。

8.4.1 采集指标群分类

在采集指标群的类别划分上，我们将根据工业设计产业的一般层级结构，结合国内的具体发展实情进行拟定。其中，出于在产业发展初期产业分支结构较少的考虑，将政策维度与基础设施维度进行了合并，在进一步对国际经验与实证分析加以融合的基础上，初步形成了适合我国应用的"工业设计产业统计指标体系"。在该体系中，我们将工业设计产业的逻辑结构进行了统计视角的转化，以"生产力指标群""需求力指标群""发展环境指标群"等三个维度进行指标的定位与采集工作，用以深入了解地区性工业设计产业的实际发展水平。

1．生产力指标群

反映地区工业设计产业的生产能力水平，具体的分支指标群包括：①工业设计应用水平指标群；②工业设计服务水平指标群；③工业设计区域协作水平指标群。

2．需求力指标群

反映我国工业设计产业的市场需求水平，具体的分支指标群包括：①工业设计就业水平指标群；②工业设计消费水平指标群；③工业设计投资水平指标群。

3．发展环境指标群

反映我国工业设计产业的发展环境水平，具体的分支指标群包括：①工业设计社会推广水平指标群；②工业设计公共政策水平指标群；③工业设计人才培养水平指标群。

8.4.2 统计框架搭建

根据上述的三维指标群分类，我们将进一步搭建适用于国内工业设计产业统计分析工作的指数计算框架。具体将包括一个产业综合发展水平指数，三个二级能力水平指数以及九套分支性采集指标群（见表 8.2）。

表 8.2　中国地区工业设计产业发展指数统计框架

地区工业设计产业综合指数（DESIGN INDEX）		
生产指数（A）	需求指数（B）	发展指数（C）
设计应用指标群（A1）	就业水平指标群（B1）	社会推广指标群（C1）
设计服务指标群（A2）	消费水平指标群（B2）	公共政策指标群（C2）
区域协作指标群（A3）	投资水平指标群（B3）	人才培养指标群（C3）

1．综合指数

综合指数用以反映地区性工业设计产业的综合发展水平，经统计框架的分析计算后可由一个独立的数值加以表示。综合指数是通过对地区工业设计产业生产指数（A）、地区工业设计产业需求指数（B）以及地区工业设计产业发展指数（C）进行加权计算得出。

2．能力指数

能力指数用以反映地区性工业设计产业内部各个分支结构的发展水平，具体包括地区工业设计产业生产指数（A）、地区工业设计产业需求指数（B）与地区工业设计产业发展指数（C）三部分，均由独立的数值加以表示。其中，地区工业设计产业生产指数（A）由该地区的工业设计应用水平指标群（A1）、工业设计服务水平指标群（A2）与工业设计区域协作指标群（A3）进行加权计算得出；地区工业设计产业需求指数（B）由该地区的工业设计就业水平指标群（B1）、工业设计消费水平指标群（B2）与工业设计投资水平指标群（B3）进行加权计算得出；地区工业设计产业发展指数（C）则由该地区的工业设计社会推广指标群（C1）、工业设计公共政策指标群（C2）与工业设计人才培养指标群（C3）进行加权计算得出。

3．采集指标群

在指标采集工作上，我们将在参考英国、日本、韩国等国际经验以及我国工业和信息化部的两份分析报告《工业设计产业分类标准和统计指数研究》《工业设计发展指标体系与统计分析基本框架研究》的基础上加以制定，有关具体的采集指标读者可以参见附录A（工业设计产业发展指数体系框架）与附录B（工业设计产业发展指标体系框架）。

8.4.3 数理评价基础

根据上述指数计算框架以及分类采集的产业指标群样本，通过追溯性算法，将使指标数据通过初次计算转化为相应的产业能力指数；进一步对得出的能力指数进行叠加计算，将能够最终形成地区工业设计产业发展的综合指数（见图8.2），过程性成果可借助数字或图形方式加以呈现。通过数字表述，进而能够对地区工业设计产业的总体与局部发展水平形成清晰、直观的认识，而通过图形展示，则可以对该地区工业设计产业的综合发展情况形成更加体系化和结构化的理解。

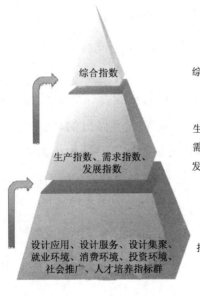

综合指数 = 生产能力（X）+ 需求能力（Y）+ 发展能力（Z）

生产指数 = 设计应用（$X1$）+ 设计服务（$X2$）+ 设计集聚（$X3$）
需求指数 = 就业环境（$Y1$）+ 消费环境（$Y2$）+ 投资环境（$Y3$）
发展指数 = 社会推广（$Z1$）+ 人才培养（$Z2$）+ 公共政策（$Z3$）

指数算法：$\bar{K} = \dfrac{\sum M}{\sum \dfrac{1}{k} M}$ （拟用加权调和平均数进行计算）

图 8.2 中国地区工业设计产业发展指数演算思路

8.5 本章结论

当前，中国比历史上任何一个时期都具备发展工业设计产业的规模化与政策规划优势，然而这种优势环境在根本上却是由于国内制造业等相关领域的转型升级危机而形成，因而自身的主体意识与机制建设都还远远不够成熟。虽然整个产业在企业与政府的双向驱动下体量得到了迅速膨胀，但仍存在着比较明显的市场体系与基础设施方面的结构性断层，在国家层面上所形成的比较优势也基本处于企业的体外循环，能够给予企业的实际支持还十分有限。因此，在秉持深入、清醒认知的基础上进行具有矛盾针对性的高度投入与建设，是保障中国工业设计产业更加良性与可持续发展的关键所在。

从政策推进工作上看，我国现有工业设计产业政策在宏观层面还缺乏可行性较高的顶层设计方案，具体条款的设置存在着较多的理想化倾向，使得有限的产业资源难以满足现有规划的需要，制定更为详细、更加落地的实施性政策是整个产业在结构上合理运转的重要环节。此外，建立产业统计体系是对产业整体发展进行统筹把握与信息化管理的有效手段，也是对产业综合竞争力水平的抽象化、数理化认知，可以视为政策推进工作中的有机组成部分。在本书中，我们根据工业设计产业的逻辑结构，结合中国当前工业设计的产业化发展实情所提出的产业统计框架与指数计算思路等内容，在这方面提供了基础性的引导。政府有关决策部门、科研机构以及企业的管理者可以在此路径上进行更加深入、更为丰富的探索与实践。

第9章　结论与展望

改革开放后，中国工业设计产业在以社会化为中心的工业设计事业语境和以专业化为中心的工业设计职业语境中逐步演进，迄今已获得可观的规模积累和有力的政策环境，形成了围绕上述两种特征的比较优势。在规模化方面，截止到 2011 年底，中国工业设计相关企业已超过 6000 家，职业工业设计公司已超过 2000 家，全国工业设计从业人员近 50 万人，国内开办工业设计专业的大专院校已超过 500 所。在政策规划上，国内发布地区工业设计指导意见的省份已达到 13 个。国民经济增长方式的日益转变与制造业自主创新紧迫性的日趋增强使得中国工业设计产业在危机驱动中反而得到了前所未有的发展提速。然而，无论规模抑或政策的比较优势在应对国家制造业转型升级与自主创新，特别是创造"创新性""突破性"产品的困境面前仍显得低效，这一原因还要从工业设计产业自身的原理与结构角度入手寻找。

工业设计通过创造"工业生产的社会性传达结构"来实现自身的特有职能，拥有生产与文化的同构性二元价值结构，存在于一切工业产品物质性传达方式的底层，包裹于传统认知中的"实体产品经济"中间。对于工业生产资源搭建文化输出形态、将技术语言转化为产品语言，是工业设计产业在"无形化产品经济层面"广泛存在的依据，而不是常被误读的工业经济以外的装饰性异类。随着人类生活水平的提升和文化性消费相对于使用性消费比重的日益增加，设计经济形态将逐步从传统的各类实体产品经济形态中分离，这是市场选择逐步摆脱生产规则掌控而趋向高级化的结果，也是对工业设计产业进行研究并实施具体建设的一个认知基础。

从内涵上来看，工业设计产业是指参与工业设计价值生产、流通与最终实现的企业经济活动的集合，是工业设计社会事业的经济化形态，是工业设计职业、行业体系在市场和政策等领域的延伸；从原理上看，工业设计产业是社会文化体系引导工业生产机制进行整合创新的全过程，是工业生产资源的文化传达方式，是社会经济形态变迁、文化性消费比重增加、产品导向性日益增强的产物，具有完整的创意搭建、产品生产、分配流通和终端消费的产业化流程。从产出上看，工业设计产业的一般成果是工业生产资源的社会性传达界面，因而其与广义的工程技术共同构成了传统产品经济的两大支撑。

针对发展的视角而言，工业设计产业经由生产意识、生产模式、生产秩序在不同层面的演进，总体经历了以"促进工业设计职业化"为中心的生产化阶段、以"扩大工业设计行业规模"为中心的规模化阶段、以"完善工业设计商业市场"为中心的市场化阶段和以"形成工业设计国家战略"为中心的战略化阶段等过程。中国工业设计产业的演进总体上基于上述全球演进的逻辑规律，但在市场化建设一环存在明显的跳跃性缺失，呈现出被动演进的突出特征。

针对结构的视角而言，当前，中国工业设计产业虽然具有规模体量与政策力度的双重比较优势，却难以有效应对国内制造业转型升级与自主创新所面临的切实挑战，其根源在于产业中市场组织结构建设的薄弱所造成的价值传递断层致使制造业企业应用工业设计的成本过高，因而国内大部分的制造业企业，特别是大量存在的中小型制造业企业普遍避免工业设计方面的主动创新，原因也正在于此。不论我国工业设计产业的规模与政策优势是否进一步得到强化，市场机制的缺失造成的价值链断裂都将使这种优势无法转化为效能深入到企业应用工业设计的诉求与过程中间。设法降低企业应用工业设计的综合成本、保护与完善工业设计价值在市场中的流通与实现过程是当前中国工业设计产业建设不可回避的中心矛盾。

不可否认，深度的工业设计工作（以产品原型和产品服务系统为中

心的工业设计类型）虽然能够帮助工业制造企业升级自身生产资源的社
会传达层次，但对于一般企业而言，由于设计过程中所隐含的对于企业
"原有产品专用性资产"的调整风险，因而在没有明确收益前景的情况
下，应用工业设计进行创新将很有可能使其承担时间、精力和财富上难
以估量的损失。虽然这一矛盾在设计师个体层面容易得到解决，但对于
以生存、盈利为中心的企业经营性活动而言，在没有实力保障或外部资
源支撑的情况下，对于工业设计的应用就显得"十分昂贵"，这是学术与
政策领域在进行专业性分析时常常忽略的重要问题。

聚焦于中国工业设计产业的具体建设，在实施过程中需要有如下认
识作为基础：工业设计产业因其价值的无形化以及消费选择等特征，从
产业发展的逻辑而言属于中高级市场经济的产物。新的、优秀的设计概
念容易提出，但对于以企业为代表的群体经济形态而言，由于新设计的
成功与否将不再取决于对传统生产规则的匹配与迎合程度，而是高度受
制于市场抉择，因而从中衍生出的研发成本与实施风险等问题往往使企
业徘徊不定或驻足不前。当前，我国的文化消费市场还不成熟，相当数
量的地区中，使用性与文化性的消费结构比重还处于前者的压倒性优势。
从工业设计自身的二元价值结构来看，文化消费市场的不稳定或缺失就
意味着企业不会轻易将其纳入规定性成本考虑的范畴。

另一方面，由于文化市场领域的投融资机制尚不健全，以工业设计为
代表的"预期高收益型"投资价值无法得到市场的有效评估：估价技术、
合同技术、产权技术等代表性的市场技术体系在区域不平衡、计划体制与
市场机制高度博弈的国内文化新兴市场环境中还未成形，企业自然无从
判定自身应用工业设计的预期收益，仅靠有限的国际成功案例和行业
协会的舆论宣传根本无法触及企业在工业设计应用方面的供需关系。尽
管中国工业设计产业拥有规模与政策规划的双重优势，但对个体企业这
一产业中真正的微观组成单元而言，这两类优势在当前还显得十分空洞。

从价值实现的逻辑上来看，工业设计的价值从批量化生产到最终实

现需要经历在各级市场中放大、进而进入政策环境进一步拓展直至在消费市场回归的综合过程，这是工业设计的知识经济形态在价值流动方面的重要特征。在相对发达的市场经济体系中，上述过程能够得到市场机制的竞争保护，以及对于企业应用特定设计方案所能达到的预期收益也拥有相对合理的技术评估方法，工业设计师在其中的利益与发展空间则通过类似于建筑师、工程师的人才评定体系得以实现。在这方面，显然国内的工业设计产业在发展过程中对于市场阶段的跳越造成了价值传递路径上的断层，工业设计的价值在整个产业中大量处于未经质变的状态，其整合创新的主体职能在缺乏市场机制保障和秩序性约束的情况下是难以达成的。

如上所述，中国工业设计产业内含一个同质化竞争日趋严重的初级市场结构，各类市场机制的缺失使得中国工业设计产业的规模与政策体量虽然看似拥有比较优势，在层次结构上却横跨一条市场的鸿沟，彼此之间的价值难以有效流动，在国家层面上所形成的比较优势也处于企业的体外循环，扭曲的"玻璃天花板"似的供需错位由此形成。因此，从国家战略层面如何恰当运用企业规模与政策体制的优势，更快建立有效的市场引导、调节和保障性机制，是中国工业设计产业日后发展的关键所在。

从"工业化社会"这一更大的视角加以分析，市场结构的缺位的确有我国工业设计产业自身演进的主观原因，同时也有国内工业经济形态尚不成熟的社会性原因。长期的加工型工业经济模式在初期成功解决了我国劳动力在普遍受教育程度不高、专业技能有限背景下的就业矛盾，然而劳动密集型、模仿代工型的工业生产模式在体量与阶段性收益上的成功并没有改变我国工业经济在深层次上尚处于被高度整合的格局，整个国家工业化部门的类型和层次结构相比较发达国家而言还显得较为单一，很多与服务市场、商品市场、资本市场衔接的部门与机制没有得到建设，这是我国工业新兴产业，以及其他非实体和文化相关产业得不到社会资源共建的深层次原因。此外，从产业基础设施建设的情况看，由于工业设计的二元价值结构和知识经济特征，在知识、技能等关键生产要素的开发与培育上，当前国内的工业设计教育与企业的实际需求在契合度方面也亟待改善。

总体而言，中国工业设计产业在规模繁荣与政策强势下，却内含一个存在巨大机制建设空洞的初级市场结构，由此造成的工业制造企业对于工业设计的综合应用成本过高，是我国工业设计产业在应对当前国内制造业创新性转型中表现低效的核心原因所在。这一局面的造成有产业自身在演进过程中存在的危机驱动和被动建设等问题，也有深层次受制于社会工业化发展水平等背景性矛盾，在认识上不能够孤立看待。此外，市场机制与计划体制的博弈一直以来是我国经济社会的一个显著特征，相关效应不仅仅波及工业设计这一特定产业，也包括国民经济的其他部门，这方面可以在日后的相关工作中再做更多探讨。产业的市场化建设是一个双向的过程，工业设计的服务市场、应用市场、消费市场、投融资市场彼此之间既有价值产出在时间流动上的先后，也有空间布局上的相互影响，因而是一个系统的建设格局。中国工业设计产业在发挥自身的规模优势、以国家战略性资源投入推进产业市场化机制的建设时，要充分考虑工业设计产业的知识经济特征，克服传统工业经济思路中对规模化的盲目推崇，力争以更有效、更灵活、更有助于工业设计价值发挥的市场机制作为建设方向。此外，在消费领域的推广培育和教育领域的知识、技能结构的建设上，也应符合产业的发展规律与整体诉求，使之能够更加高效、职能更加清晰地为我国国民经济的转型、社会的可持续性发展和人民总体幸福水平的进一步提升做出贡献。

附　　录

附录 A　工业设计产业发展指数体系框架

表 A-1　工业设计应用水平指标群

A1. 工业设计应用水平指标群（A11-A18）		
代　码	指标名称	指标描述
A11	企业比重	设立工业设计部门的企业占地区总企业数量的比例
A12	政策比重	了解工业设计创新扶持政策的企业占地区总企业数量比例
A13	经费比重	工业设计研发经费占目标企业总经费的比例
A14	人员需求	工业设计研发部门需求人数占企业总需求人数的比例
A15	外包幅度	企业产品工业设计外包的数量
A16	人员数量	工业设计研发部门人员的数量
A17	人员比重	工业设计研发部门人员占企业总员工的比例
A18	专利数量	企业工业设计领域的专利数量

表 A-2　工业设计服务水平指标群

A2. 工业设计服务水平指标群（A21-A28）		
代　码	指标名称	指标描述
A21	获奖比例	该年度获取工业设计大奖的企业占地区总企业的比例
A22	专利比例	该年度获取一定数量以上专利的企业占地区总企业的比例
A23	政策认知	了解或运用工业设计相关政策厂商占地区总企业的比例
A24	上游需求	统计季度区间内公司接洽到新委托方占地区总企业的比例
A25	繁忙程度	统计季度区间内公司拥有复数委托方占地区总企业的比例
A26	产业景气	工业设计盈利企业占地区总企业的比例
A27	品牌比重	拥有自有品牌产品公司占地区总企业的比例
A28	品牌价值	自有品牌产品占所有产品总营收的比例

附录 A　工业设计产业发展指数体系框架

表 A-3　工业设计区域协作水平指标群

A3.工业设计区域协作水平指标群（A31-A35）

代码	指标名称	指标描述
A31	协作意识	工业设计区域协作能带来优势的企业占地区总企业的比例
A32	上游协作	主要客户来源在同一省的企业占地区总企业的比例
A33	下游协作	主要委托公司在同一省的企业占地区总企业的比例
A34	协作状态	上下游配套厂商均在同一省的企业占地区总企业的比例
A35	协作成效	上下游配套厂商均在同一省的企业营收占地区总企业的比例

表 A-4　工业设计就业环境水平指标群

B1.工业设计就业环境水平指标群（B11-B14）

代码	指标名称	指标描述
B11	就业比例	工业设计相关领域应届毕业生顺利就业人数占总体人数的比例
B12	就业需求	企业提供工业设计相关职位占地区总企业的比例
B13	应届需求	企业校园招聘面向工业设计相关领域毕业生占总体人数的比例
B14	非应届需求	企业提供工业设计相关就业岗位占企业总体岗位数量的比例

表 A-5　工业设计消费环境水平指标群

B2.工业设计消费环境水平指标群（B21-B25）

代码	指标名称	指标描述
B21	设计敏感度	消费者平时会了解设计相关信息人数占地区总人数的比例
B22	媒介数量	新闻、报纸、杂志以设计为主题占总体的比例
B23	消费需求	消费者将设计当做选购产品方针之一人数占地区总人数的比例
B24	价值认知	消费者愿将为了设计额外付出的费用占地区总人数的比例
B25	营销能力	商场提供区域将设计作为突出卖点占总体商家的比例

表 A-6　工业设计投资环境水平指标群

B3.工业设计投资环境水平指标群（B31-B35）

代码	指标名称	指标描述
B31	投资需求	工业设计企业具备对外部资金需求占地区总企业的比例
B32	投资接受度	工业设计企业接受引进外部资金占地区总企业的比例
B33	投资达成度	工业设计企业已接受外部资金占地区总企业的比例
B34	金融诱因	银行提供资金给予工业设计企业占地区总企业的比例
B35	政策诱因	享受工业设计相关扶持政策的企业占地区总企业的比例

表 A-7 工业设计社会推广水平指标群

C1. 工业设计社会推广水平指标群（C11-C18）

代　码	指标名称	指标描述
C11	设计认识	了解工业设计人数占调查总人数的比例
C12	设计常识	了解工业设计专业人数占调查总人数的比例
C13	设计知识	了解工业设计如何提供价值的人数占调查总人数的比例
C14	展览平台	工业设计相关展览占总体展览展会的比例
C15	媒介平台	工业设计相关杂志占总体报纸、杂志的比例
C16	讲座平台	工业设计相关讲座占总体讲座的比例
C17	政府平台	工业设计相关政府倡导内容占总体内容的比例
C18	网络平台	经常浏览设计相关网站人数占调查总人数的比例

表 A-8 工业设计公共政策水平指标群

C2. 工业设计公共政策水平指标群（C21-C28）

代　码	指标名称	指标描述
C21	调研程度	中央政府部门对工业设计相关调研经费占总体经费的比例
C22	扶持程度	中央政府对工业设计相关扶持政策占总体政策的比例
C23	投入经费程度	中央政府对工业设计相关投入经费占总体经费的比例
C24	设计提倡程度	中央政府举办工业设计相关活动占总体活动的比例
C25	调研推展	地方政府对工业设计相关调研提供扶持项目占总体项目的比例
C26	提倡推展	地方政府举办工业设计相关活动占总体活动的比例
C27	扶持推展	地方政府订立工业设计相关扶持政策占总体政策条款的比例
C28	经费推展	地方政府对工业设计相关机构提供支持经费占总体经费的比例

表 A-9 工业设计人才培养水平指标群

C3. 工业设计人才培养水平指标群（C31-C38）

代　码	指标名称	指标描述
C31	专业比例	设立工业设计相关专业的高校占地区总体高校的比例
C32	新生比例	高校工业设计相关新生占新生总体的比例
C33	毕业生比例	高校工业设计相关毕业生占总体毕业生的比例

（续）

C3. 工业设计人才培养水平指标群（C31-C38）

代　　码	指 标 名 称	指 标 描 述
C34	获奖比例	高校工业设计相关专业学生获得国际设计奖占总体学生的比例
C35	师资比例	高校工业设计相关教师人数占总体教师人数的比例
C36	交流程度	高校举办工业设计相关论坛或研讨会占总体会议数目的比例
C37	学院重视度	工业设计专业接受年度学院拨款总额占总体经费的比例
C38	政府重视度	工业设计专业接受年度政府拨款总额占总体经费的比例
C39	企业重视度	工业设计专业接受年度民间资助总额占总体经费的比例

附录 B　工业设计产业发展指标体系框架

1. 工业设计应用类企业版

工业设计发展指标体系设计 —— 应用类企业版

一级指标	二级指标	三级指标	采集示意
基本情况 A1	研发需求 B1	设计需求 C1	企业新产品开发对工业设计的需求 企业升级产品开发对工业设计的需求
	组织结构 B2	部门设置 C2	独立的工业设计部门设置情况
		部门层级 C3	工业设计部门在企业中的组织结构
			工业设计部门在企业新产品开发中的决策力
		部门结构 C4	工业设计部门内的设置情况
	人员状态 B3	人员数量 C5	研发部门人员数量 工业设计部门人员数量
		人员结构 C6	研发部门技术人员、设计人员、研究人员占研发人员总数的比例
		人员资历 C7	工业设计从业人员的年龄构成
			工业设计从业人员的职称状况
			工业设计从业人员的学历状况
	设备与设施 B4	研发资产 C8	研发部门固定资产总金额
		办公环境 C9	工业设计部门办公环境及配备状况
		专业设备 C10	产品研发技术类设备投入金额（如快速成型机）
			产品研发设计类设备投入金额（如电脑、手绘板）
			产品研发类设备投入金额（如眼动仪、音频仪）
投入 A2	资金投入 B5	研发投入 C11	年度产品研发总投入
		项目比例 C12	年度工业设计应用性项目投入比例
			年度工业设计预研性项目投入比例
		合作研发 C13	工业设计项目年外包状况
			与其他企业或科研院所的研发合作状况
		创新保护 C14	设计创新保护成本方式及金额
	人员投入 B6	人员培训 C15	工业设计师在岗培训状况
			非设计人员工业设计课程培训状况

附录 B　工业设计产业发展指标体系框架

（续）

工业设计发展指标体系设计 —— 应用类企业版

一级指标	二级指标	三级指标	采集示意
投入 A2	人员投入 B6	学习交流 C16	参与设计展览、研讨交流活动状况
		人员收入 C17	工业设计部门职工年平均劳动报酬
		激励机制 C18	公司内部激励形式
	设备和试制投入 B7	研发设备投入 C19	年度产品研发专业设备总投入
		生产试制投入 C20	年度产品研发模型总投入
			年度产品研发模具总投入
	政策支持 B8	资金支持 C21	享受政府相关创新资金扶持金额
		政策支持 C22	是否享受政府相关创新扶持政策
产出 A3	创新能力 B9	新品开发 C23	新产品开发增长率
		成果转化 C24	专利科研成果转化增长率
		专利申请 C25	通过工业设计而产生的专利状况
		参赛获奖 C26	获得重要工业设计奖项状况（IF奖、红点奖、IDEA奖、红星奖、芙蓉奖等）
	经济效益 B10	利润增长率 C27	企业利润增长情况
		新产品产值率 C28	新产品年度销售收入占产品销售年度总收入比例
	社会效益 B11	品牌竞争力 C29	工业设计对产品差异化定位影响情况
			工业设计对品牌识别的影响情况
			工业设计对消费者忠诚度的影响情况
		环境效益 C30	工业设计对环境保护的影响情况

2.工业设计服务类企业版

工业设计发展指标体系设计 —— 服务类企业版

一级指标	二级指标	三级指标	采集示意
基本情况 A1	公司设置 B1	部门架构 C1	公司内各部门设置情况、研究部门设置情况
		发展状况 C2	公司分支机构情况、入驻园区情况
	人员状态 B2	人员数量 C3	人员总数
		人员结构 C4	公司各部门人员数
			占公司年末人员总数比例
		人员资历 C5	工业设计从业人员的年龄构成
			设计师构成
			工作年限
			学历构成

（续）

工业设计发展指标体系设计 —— 服务类企业版

一级指标	二级指标	三级指标	采集示意
基本情况 A1	设备与设施 B3	办公面积 C6	公司总面积
		专业设备 C7	技术类设备（如快速成型机）
			设计类设备（如电脑、手绘板）
			研发类设备（如眼动仪、音频仪）
	竞争能力 B4	专利申请 C8	通过工业设计而产生的专利状况
		参赛获奖 C9	获得重要工业设计奖项状况（IF奖、红点奖、IDEA奖、红星奖……）
		研究能力 C10	拥有自有品牌
			研究型项目情况
	客户情况 B5	客户类别 C11	客户所属行业及地区
		合作时间 C12	与企业合作时长
	政策支持 B6	政府相关政策 C13	获得国家和地方政策支持及优惠情况
投入 A2	资金投入 B7	工资投入 C14	职工年平均劳动报酬
		研究投入 C15	研究型项目投入占项目总投入比例
		创新保护 C16	设计创新保护成本
	人员投入 B8	人员培训 C17	工业设计师在岗培训状况
			非设计人员工业设计课程培训状况
		激励机制 C18	公司内部成果评定及激励方式
	软硬件投入 B9	硬件投入 C19	年度经营场地租金
			年度专业设备总投入
		软件投入 C20	公司内部资源投入（图书、音像制品、软件）
			社会资源投入（咨询机构、研究机构）
	公司宣传投入 B10	公司宣传形式 C21	宣传形式
		公式宣传费用 C22	宣传投入费用
产出 A3	经济效益 B11	公司盈利 C23	公司利润增长情况
			公司年营业额
		合同交易 C24	合同交易数量和质量
		新产品开发 C25	自有品牌产品开发的贡献
	社会效益 B12	公司品牌 C26	品牌知名度
			客户认可度

3. 工业设计产业集聚平台版（以工业设计园区为代表）

工业设计发展指标体系设计 —— 公共平台版（园区）

一级指标	二级指标	三级指标	采集示意
基本情况 A1	园区规模 B1	园区面积 C1	园区占地面积
		入驻情况 C2	入驻企业总数量
			设计企业类型和数量
			商业配套企业类型和数量
		人员情况 C3	园区从业人员数量和运营人员数量
	管理与组织 B2	园区管理组织 C4	组织模式
			人员学历和职称的情况
	政府支持 B3	政府扶持力度 C5	享受地方扶持政策内容和手段
投入 A2	资金投入 B4	财政拨款情况 C6	财政拨款总额
		其他资金投入 C7	其他资金来源和投入总额
	服务与设备 B5	公共服务平台情况 C8	投入资金金额及经费来源、名称和平台类型
		配套设备 C9	工业设计硬件和软件配套设施
		开展服务 C10	工业设计相关展览、讲座、培训活动开展情况
产出 A3	经济效益 B6	园区产值 C11	园区总产值和园区工业设计总产值
		设计公司盈利能力 C12	工业设计公司平均年营业额和平均年利润
		非设计企业盈利能力 C13	企业公司平均年营业额和平均年利润
	设计创新水平 B7	研究型项目 C14	研究项目的名称、经费来源、数量和级别
		工业设计公司 C15	注册各类型专利的数量
			成果获奖情况
		非设计企业 C16	注册专利情况
			成果获奖情况

4. 工业设计教育平台版

中国工业设计发展指标体系设计 —— 教育机构

一级指标	二级指标	三级指标	采集示意
基本情况 A1	机构设置 B1	所属学院 C1	工业设计专业所属学院名称
		学科构架 C2	所属学院学科构架
	专业规模 B2	学生规模 C3	工业设计专业各阶段学生人数

（续）

中国工业设计发展指标体系设计 —— 教育机构			
一级指标	二级指标	三级指标	采集示意
基本情况 A1	专业规模 B2	师资规模 C4	工业设计专业教师的数量
			工业设计专业教师各等级职称人数
		培养方向 C5	本科课程设置结构及学时
			研究生培养方向
投入 A2	资金投入 B3	学院经费 C6	年度学院教育总体经费
		专项拨款 C7	工业设计专业各类机构及组织专项拨款总额
		企业合作 C8	企业与工业设计专业项目合作情况
	设施投入 B4	专业教室 C9	工业设计专业教室的面积和数量
		实验设施 C10	工业设计相关实验室、研究室设置情况
		实习基地 C11	工业设计实习基地情况
	设备投入 B5	仪器设备 C12	技术类设备（如快速成型机）总金额
			设计类设备（如电脑、手绘板）总金额
			研发类设备（如眼动仪、音频仪）总金额
		图书资料 C13	工业设计图书资料情况
产出 A3	科研成果 B6	获奖成果 C14	年度各类工业设计奖项获得数量和级别
		专利申请 C15	工业设计各类专利申请数量和类型
		科研项目 C16	工业设计各类科研项目数量和金额
		专著和论文 C17	工业设计各类专著和论文数量和级别
	人才培养 B7	留学生数量 C18	工业设计专业各阶段留学生数量
		新生数量 C19	工业设计专业各阶段每年新生数量
		毕业生数量 C20	工业设计专业各阶段毕业生数量
	人才流向 B8	就业率 C21	工业设计专业各阶段毕业生就业情况
		行业状况 C22	工业设计专业各阶段毕业生就业行业情况

附录 C 关于促进工业设计发展的若干指导意见

工信部联产业〔2010〕390 号

各省、自治区、直辖市、计划单列市及新疆建设兵团工业和信息化主管部门、教育、科技、财政、人力资源社会保障、商务、国家税务、地方税务、统计、知识产权、银监、证监局（委、厅、办），有关行业协会：

为加速推进新型工业化进程，推动生产性服务业与现代制造业融合，现就促进我国工业设计发展提出如下意见。

一、充分认识大力发展工业设计的重要意义

工业设计是以工业产品为主要对象，综合运用科技成果和工学、美学、心理学、经济学等知识，对产品的功能、结构、形态及包装等进行整合优化的创新活动。工业设计的核心是产品设计，广泛应用于轻工、纺织、机械、电子信息等行业。工业设计产业是生产性服务业的重要组成部分，其发展水平是工业竞争力的重要标志之一。大力发展工业设计，是丰富产品品种、提升产品附加值的重要手段；是创建自主品牌，提升工业竞争力的有效途径；是转变经济发展方式，扩大消费需求的客观要求。

改革开放以来，我国工业设计取得了长足的发展。目前，工业设计已初步形成产业，特别是在经济发达地区已初具规模；一批制造业企业高度重视和广泛应用工业设计，取得明显成效；专业从事工业设计的企业发展迅速，设计服务水平逐步提高，一些优秀设计成果已经走向国际市场；专业人才队伍不断扩大，工业设计教育快速发展。但是，我国工业设计发展仍处于初级阶段，与工业发展要求和发达国家水平相比还有很大差距，在发展过程中还存在许多突出矛盾和问题。主要是：对工业设计作用认识不足，重视不够；缺乏高水平的专门人才，自主创新能力弱；政策支持、行业管理和知识产权保护亟待加强等。各地区、各有关

部门要充分认识大力发展工业设计的重要意义，采取切实有效的政策措施，促进工业设计加快发展。

二、促进工业设计发展的指导思想、基本原则和发展目标

（一）**指导思想**。以邓小平理论和"三个代表"重要思想为指导，深入贯彻落实科学发展观，按照走新型工业化道路和建设创新型国家的要求，发挥企业市场主体作用，政府积极扶持引导，完善政策措施，优化发展环境，促进我国工业设计产业健康快速发展。

（二）**基本原则**。坚持设计创新和技术创新相结合，提高工业设计自主创新能力；坚持专业化发展和在工业企业内发展相结合，提升工业设计产业发展水平；坚持政府引导和市场调节相结合，为工业设计发展创造良好环境。

（三）**发展目标**。到 2015 年，工业设计产业发展水平和服务水平显著提高，培育出 3～5 家具有国际竞争力的工业设计企业，形成 5～10 个辐射力强、带动效应显著的国家级工业设计示范园区；工业设计的自主创新能力明显增强，拥有自主知识产权的设计和知名设计品牌数量大量增加；专业人才素质和能力显著提高，培养出一批具有综合知识结构、创新能力强的优秀设计人才。

三、提高工业设计的自主创新能力

（一）**加强工业设计基础工作**。鼓励科研机构、设计单位、高等学校开展基础性、通用性、前瞻性的工业设计研究。提高工业设计的信息化水平，支持工业设计相关软件等信息技术产品的研究开发和推广应用。整合现有资源，建立实用、高效的工业设计基础数据库、资源信息库等公共服务平台，加强资源共享。

（二）**建立工业设计创新体系**。引导工业企业重视设计创新，鼓励企业建立工业设计中心。国家对符合条件的企业设计中心予以认定。鼓励工业企业、工业设计企业、高等学校、科研机构建立合作机制，促进形成以企业为主体、市场为导向、产学研相结合的工业设计创新体系。

（三）**支持工业设计创新成果产业化**。重点支持促进产业升级、推进节能减排、完善公共服务、保障安全生产等重点领域拥有自主知识产权的工业设计成果产业化。鼓励发展体现中华民族传统工艺和文化特色的工业设计项目和产品。

四、提升工业设计产业发展水平

（一）**促进工业企业与工业设计企业合作**。鼓励工业企业将可外包的设计业务发包给工业设计企业，扩大工业设计服务市场。支持工业企业和工业设计企业加强多种形式合作，通过设计创新，促进工业企业的产品升级换代、市场开拓和品牌建设。

（二）**引导工业设计企业专业化发展**。鼓励工业设计企业加强研发和服务能力建设，创新服务模式，提高专业化服务水平。推动工业设计企业以市场为导向、以设计为核心、以资本为纽带的兼并重组，不断增强企业实力。

（三）**推动工业设计集聚发展**。鼓励各地根据区域经济发展实际和产业、资源比较优势，建立工业设计产业园区。加强公共服务平台建设，吸引工业设计企业、人才、资金等要素向园区集聚。培育和认定一批国家级工业设计示范园区，发挥辐射和带动作用。

五、加快培养高素质人才

（一）**完善工业设计教育体系**。探索建立有利于工业设计人才成长的教育体系和人才培养模式，培养适应工业发展需求的工业设计复合型人才。加强高等学校的工业设计学科建设，加大对工业设计专业教学、科研、实验的软硬件支持，提升教师水平，支持聘用有实践经验的工业设计人员任教。

（二）**建立健全工业设计人才培训机制**。支持符合条件的工业设计园区、工业设计企业设立博士后科研工作站。鼓励有条件的企业创建工业设计实训基地。支持有条件的单位选送优秀的工业设计师出国培训，学习借鉴国外先进工业设计经验。鼓励行业协会、高等学校、科研机构和企业联合开展工业设计培训。

（三）**积极引进优秀工业设计人才**。鼓励海外优秀工业设计人才回国（来华）创业和从事工业设计研究教学工作。鼓励企业招聘海外优秀工业设计人才，完善技术入股等激励机制，妥善解决社会保障和工作生活待遇等问题，为海外优秀工业设计人才回国（来华）工作创造良好条件。

六、推动对外交流与合作

（一）**提高工业设计对外开放水平**。积极引进新的设计理念、先进技术和管理经验，提升国内工业设计水平。鼓励跨国公司和境外著名的工业设计机构来华设立设计中心或分支机构。鼓励国内工业企业、工业设计企业与境外设计机构建立多种形式的合作关系。

（二）**积极参与国际竞争和合作**。健全政策支持和服务体系，大力发展工业设计服务贸易，不断提高规模、层次和水平。积极承接国际工业设计服务外包业务，推动工业设计服务出口。支持企业"走出去"，鼓励有条件的工业企业、工业设计企业在境外建立设计研发中心。支持国内工业企业和工业设计企业参与有关国际标准的制定。

七、营造良好的市场环境

（一）**提高全社会的工业设计意识**。加强政策引导和舆论宣传，在全国开展工业设计宣传、展览、交流等活动，普及工业设计理念。鼓励地区之间开展多种形式的工业设计交流与合作。引导企业，特别是中小企业广泛重视和应用工业设计，提高新产品开发能力。鼓励创办高水准的工业设计报刊、杂志和网站。

（二）**建立工业设计评价与奖励制度**。研究建立工业设计专业技术人员职业资格制度，开展工业设计专业技术人员职称评聘。建立工业设计企业资质评价制度，引导和规范行业发展。建立优秀工业设计评奖制度，鼓励工业设计创新。

（三）**加强和改善行业管理**。加强市场监管，推动诚信建设，规范工业设计企业经营行为，维护公平有序的市场竞争秩序。充分发挥行业协会等中介组织作用，加强行业自律，为产业发展提供积极有效的服务。有条件的地区可编制区域性工业设计发展规划，引导本地区工业设计健康发展。

（四）**加强知识产权应用和保护**。鼓励企业和个人就工业设计申请专利和进行著作权登记。建立工业设计知识产权信用公示制度和预警机制，加大对侵犯知识产权行为的惩处力度。建立完善工业设计知识产权交易平台和中介服务机构，促进知识产权的合理有效流通。鼓励和支持公民及法人以工业设计知识产权作价出资创办企业。鼓励在产品或包装等相关物品上标注设计机构或设计者名称。鼓励权利人充分利用知识产权维护自身的合法权益。

（五）**健全信息统计工作**。完善国家统计标准，明确工业设计产业统计分类，提高工业设计统计数据的科学性和准确性。建立工业设计统计调查制度，完善工业设计统计调查方法和指标体系，促进工业设计信息交流，为政府制定政策提供依据。

八、加大政策支持力度

（一）**加大财政资金投入**。发挥财政资金的引导作用，重点支持工业设计企业开拓市场、提高自主创新能力、建设公共服务平台，带动社会资金支持工业设计发展。中央财政促进服务业发展专项资金、科技型中小企业技术创新基金等，对符合条件的工业设计企业给予支持。有条件的地区可设立工业设计发展专项资金。

（二）**实施税收扶持**。企业用于工业设计的研究开发费用，按照税法规定享受企业所得税前加计扣除政策，鼓励企业加大设计研发投入。工业设计企业被认定为高新技术企业的，按照国家税法规定享受高新技术企业相关税收优惠政策。

（三）**拓宽融资渠道**。健全完善政府支持引导、全社会参与的多元化投融资机制，鼓励社会各类资本加大对工业设计投资。支持符合条件的工业设计企业在境内外资本市场上市融资。鼓励创业风险投资机构对工业设计企业开展业务。

（四）**加大信贷支持**。银行业金融机构对工业设计企业，特别是拥有自主知识产权的工业设计优势企业，在控制风险的前提下，积极拓宽抵质押品范围，开发适合工业设计企业的创新型金融产品，对其合理信贷需求给予支持。鼓励信用担保机构为工业设计企业，特别是中小工业设计企业提供贷款担保。拥有自主知识产权的工业设计企业享受科技型中小企业信贷支持有关政策。

各有关部门要按照本指导意见的要求，加强合作，密切配合，积极推动工业设计产业加快发展。各地方工业和信息化主管部门要会同有关部门，加强对本地区工业设计发展情况的调研和分析，结合实际，制定贯彻本意见的具体办法，并抓好落实。

工业和信息化部　教育部　科学技术部

财政部　人力资源和社会保障部　商务部

国家税务总局　国家统计局　国家知识产权局

中国银行业监督管理委员会　中国证券监督管理委员会

二〇一〇年七月二十二日

附录 D　代表性国家设计产业促进政策框架

一、英国

（一）代表性政策名称

英国国家设计战略（*United Kingdom National Design Strategy: The Good Design Plan 2008—2011*），由英国国家设计委员会（Design Council of United Kingdom）负责执行。

（二）政策促进机构综述

英国国家设计委员会成立于 1944 年，委员会对于英国设计与创新产业的发展做出了实质贡献。先后设立的如 Design Index 等国家创新促进机制工具在产业成长的过程中发挥了重要作用。基于这些成功的经验，设计委员会已从原来独立的工业设计促进职能拓展到了设计教育和商业模式的带动上，为英国的产业升级和模式转型贡献着前瞻和引领力量。

设计委员会是英国在设计相关事务上的最高行政机关，同时也是促进经济与社会发展的关键部门，其具有三项主要职能：

（1）提供结合政府与其他相关组织机构的设计政策。

（2）推广设计的贡献、价值与效用，提出新问题的设计解决技术。

（3）加强设计教育，为英国培养世界级的设计人员。

设计委员会将设计的相关事务分成企业、政府、教育训练中心、媒体以及专业设计师等五个工作项目来进行，并辅以来自设计、工业、经贸、教育与其他社会领域的专业人士所组成的顾问团，以协助设计政策的执行。设计委员会领导多项旨在提升国家设计能力的计划，其中包括实现设计教育的体系化、专业设计师的培养以及大型设计中心的设立等，期望藉由设计提高产品的附加价值，进一步提升产品在国际市场中的竞争力，这也引发了其他国家对此做法的效仿，如德国、日本都相继设立了政府性的设计职能部门。

设计委员会最初设立的目的在于改善英国工业产品制造的技术。随着时代的变迁，设计委员会的组织结构、领导策略以及功能也因技术、经济与社会的需求变迁而不断更新。设计委员会为达成以革新产业整体设计能力为目的的国家政策，首先协助国内的企业透过设计的方法来增强企业自身产品的价值与品牌影响力，进一步了解国际市场的需求，以达到提升竞争力的目的。为扩张出口贸易，设计委员会明确指出国内的中小企业应向其他国家的市场销售同时具有创新与优势设计技术的产品。为此，英国设计委员会要求企业了解海外市场的需求与其未来的市场特性，进行产业间的合作以开发新市场，改善新产品的研发流程，同时提高产品的差异性，应用设计以迎合海外消费者的喜好，使其产品在国际市场销售中有更好的表现。自1995年起，设计委员会针对产品的开发过程实行了九个三年研究计划，将研究的成果应用在提高产品的竞争力等方面。

设计多样化的角色在创造社会的繁荣与高质量的生活条件之余，亦能拓展产业多元的观点，使组织愈显生命力，因此英国设计委员会除在开发新产品上鼓励产业运用设计所带来的附加价值，更期望以设计改变企业在管理上的观念。为了使中小企业有效地借助设计与创新所做的努力获得应得的利润，设计委员会与政府部门和其他相关组织合作，提供产品设计的咨询服务及相关的调查报告，协助企业在产品上提高差异性，以增进市场竞争力。委员会认为设计的概念需要循序渐进导入而非过度的投资，设计的成果也并非一朝一夕就能得以显现，而是建立在长期的资金投入产品开发中的每一个细节，为此，委员会透过一系列的个案研究，找出企业对设计投资的顾虑问题点并提出解决方案，以此帮助企业在设计投入上获得更大的回报。

（三）政策目标

- 通过有效地支持设计在商业和公共部门中的应用，建立英国设计在提供世界品牌、产品以及服务等方面的综合能力；

- 推动对英国社会和经济问题全新解决方案的开发，并使各设计团体参与到本地的设计服务体系中；

- 推进高水平设计，对有竞争力地创造经济形态及英国设计的整体繁荣作出贡献；

- 推广优秀设计的价值，突出其对社会和企业经营的重要性；

- 力争以优秀的设计机构体现国家的文化脉络和文化品质。

（四）政策措施

- 开拓设计的社会需求，使英国企业从中获益；

- 为大学开发基于设计需求创新服务的专业化素材，促进技术转移；

- 推进科研成果转化项目以支持公共服务创新；

- 通过各种形式的展会及相关活动确保设计具有时代性，对本国和全球范围产生影响；

- 促进创新和文化部门与设计部门之间的协作，组织并搭建全国设计同盟；

- 发行包括已有和近期的设计政策的年度出版物，如设计产业年鉴等；

- 针对公共设计项目推广可持续的设计意识；

- 发展包括全国性设计产业研究论坛在内的研究与知识项目，构成设计研究的企业与机构集群；

- 通过举办年度会议和研讨活动支持设计行业发展，提高社会整体的设计意识。

二、美国

（一）代表性政策名称

美国国家设计促进计划（*Promotion of Design in Organizations on a National Scale*）。由商业设计机构以及各设计协会负责执行，代表机构是美国工业设计师协会（Industrial Designers Society of America）。

（二）政策促进机构综述

美国工业设计师协会成立于 1965 年，它由美国工业设计教育协会（Industrial Design Education Association）、工业设计师协会（Industrial Designers Institute）和美国工业设计联合会（American Society of Industrial Design）合并而来。美国工业设计师协会代表美国工业设计行业利益的团体。其主要任务包括三点：①通过扩大团体规模、联系范围和影响力以及不断增加为其会员提供的服务，领导整个行业；②通过发展专业教育提升设计品质；③提升设计的商业价值。

成立之初，美国工业设计师协会拥有约 600 名会员，来自全国 10 个专业组织。21 世纪初的会员人数已经超过 3300 名，来自全国 28 个专业设计组织。由美国工业设计师协会和《商业周刊》杂志社联合主办的优秀工业设计奖（*Industrial Design Excellence Award*，IDEA）是美国最权威的设计奖，也是世界上最著名的设计奖之一。IDEA 设有金、银、铜三个等级的奖项，参评产品包括工商业产品、计算机设备、消费产品、设计概念、设计策略、数字与信息媒体、环境设计、家具、包装设计、设计研究项目和运输产品等 11 类，涉及生产和生活的各个领域。

优质的媒体宣传使得 IDEA 每年都能吸引众多国内外企业参评，这不仅为企业提供了一个展开设计水平竞争的舞台，而且扩大了设计产业的社会影响，实质性地推动了美国设计产业的发展。《商业周刊》杂志每年都会在七月份对 IDEA 的获奖作品及公司进行报道，获奖者的名单还会发布在周刊的网页上。此外，很多知名媒体都会对评奖进行报道，包括 CNN、NBC、PBS、CNBC、《纽约时报》《华盛顿邮报》《洛杉矶时报》等。IDEA 的年鉴会刊登金奖获得者的专题报道，年鉴会广泛地发送给公司商业主管、商校、联邦办公室和设计师。

美国工业设计师协会设有专门的教育委员会，负责设计教育促进。该委员会旨在使美国拥有高水准的工业设计教育，主动拉近会员尤其是工业设计教育领域的会员之间的联系，推动协会的学生活动，发展学生会员，向主席和主任委员会提供关于设计教育政策、规划和相关事宜的建议。教育委员会的具体职能主要包括以下六个方面：

（1）利用其在"全国高等艺术和设计院校协会"（National Association of School of Art & Design）的成员地位，提供课程设置和专业教学法方面的指导。

（2）与教育机构及团体合作组织区域性会议。

（3）通过赞助年度优秀学生奖，对工业设计教育专业的优秀学生进行奖励。

（4）提供和管理本科及研究生奖学金。

（5）在全美高等院校中建立工业设计学生及教员网。

（6）有计划地组织专业设计人员，以志愿者的身份为在校学生提供顾问服务。

在美国工业设计师协会及教育委员会的努力下，2004 年，美国已拥有 60 多所独立的艺术设计学院，600 多个综合性大学中设有与艺术和设计相关的学科。

（三）政策目标

■　提高设计在商业和社会中的作用、意识和价值；

■　通过教育和培训拓展企业管理、设计专业人员和公共部门的设计知识；

- 组织、开展和改进设计研究；
- 使设计知识管理机构更深层次地介入企业的生产经营活动；
- 教育和培养设计人员与企业管理人员之间的互动；
- 做设计经济和设计文化重要性的倡导者。

（四）政策措施

- 发展设计提升计划，在应用领域提高设计对商业和社会的价值；
- 通过多学科课程与培训，影响和发展企业、院校、科研机构与政府间的设计协作，促进其对设计的进一步了解，促进设计研究和成功商业模式之间的关联；
- 促进个人和企业通过设计评奖获得成功；
- 通过提供会议、工作场所和其他教育方案（企业设计基金）推广设计对企业的价值；
- 组织研讨班和会议，开展理论研究和案例研究，培训设计专业人员；
- 为设计管理（Design Management）领域的研究提供年度拨款。

三、日本

（一）代表性政策名称

日本国家设计促进计划（*Japan National Design Programme 2003*），由日本工业设计振兴会（Japan Industrial Design Promotion Organization）负责执行。

（二）政策促进机构综述

日本工业设计振兴会主要负责国内工业设计的促进工作，它是日本唯一一个全面从事设计活动促进的组织。成立之初，日本政府对其投入660 亿日元作为推动基金，此后每年做出专门预算用于设计产业的推进工作。作为日本重要的非政府组织（NGO），工业设计振兴会与政府、企业与设计人员之间的关联十分紧密。

20 世纪 60 年代后期，日本工业设计振兴会开始实施"日本优秀工业设计商品开发指导计划"和针对地方的"工业设计推进计划"。通过这些计划的实施，促进了地区产业对工业设计的引进，各地相继设立了工业设计协会或工业设计中心，在一定程度上形成了国家工业设计振兴体系。

日本工业设计振兴会积极开展提升设计水平及设计新领域的调研，建设设计事务所等软硬件环境，建立设计情报体系等基础设施。根据振兴会初期的调查，日本有近半数的设计机构和上万设计师集中在东京。同时，东京还拥有众多的制造企业，但只有少部分企业能够有效地使用设计。为了帮助设计机构、设计师与企业建立有效的联系，振兴会为它们创造了大量的交流合作机会。2003 年，工业设计振兴会建立了"设计与企业论坛"，通过组织讲座、研讨会和奖励创造优秀设计的公司，推动企业有效地使用设计并使消费者认识到设计的价值。在日本工业设计振兴会图书馆内拥有近万册与设计相关的书籍和数十种世界著名设计杂志。相关机构能够在此得到各种设计咨询信息，包括设计材料收集、设计专业学生就业指导、中小企业设计管理等各种相关主题

此外，日本工业设计振兴会还积极支持各类设计促进活动，例如推动政府在 1973 年和 1989 年举办"设计年"（Design Year）活动，以及自 1990 年起将每年的十月一日定为"设计日"（Design Day）等。也包括成立日本设计行业协作会、创立日本设计网等等。正在建设中的"设计联络中心"则用于为日本设计产业与国外知名设计院校和机构联系服务。

针对上述设计促进活动，日本工业设计振兴会对企业进行了活动指导和信息支持，使其能够把握现代设计的主题。协助建立日本设计公司联盟，该联盟是由日本各地的设计公司于 1999 年建立的经济组织，其主要目标是为设计产业与其他产业提供互动的平台，提高设计行业地位。

日本工业设计振兴会以设计行业促进为出发点协助了联盟的建立，与联盟一起建立设计产业规范，开发新的商业模式，发布和升级知识产权保护措施，保护设计师的权利，为设计成果创立更广阔的推广空间，拓展日本设计网信息交流范围等。

（三）政策目标

- 促进设计相关活动与国际设计业务的综合推广；
- 通过全球交流项目培训公众对设计价值的认知，加快全球通过设计了解日本文化发展的进程；
- 将"G-mark"等国家设计奖打造为全球设计盛会。

（四）政策措施

- 通过设计促进国际交流；
- 为设计在品牌建设中的使用提供支持；
- 支持优秀产品设计的使用和发展；
- 建立开发设计信息的基础设施；
- 成立政府机构管理从业的设计人力资源；
- 促进设计中的公众利益。

四、韩国

（一）代表性政策名称

韩国国家设计促进计划（*Korea National Design Programme 1993—2007*），由韩国设计振兴院（Korean Institute of Design Promotion）负责执行。

（二）政策促进机构综述

韩国设计振兴院是韩国实现设计产业促进的实施机构，成立于1970

年，其前身为韩国工业设计包装中心，隶属于韩国产业资源部。现有员工 100 余人，总部原设在首尔。2001 年国际设计大会时，韩国设计振兴院搬至京畿道城南市新建的韩国设计中心大厦，该机构分为计划、推动及企业三大部门。

自 1993 年起，韩国设计振兴院协助韩国政府连续制定了三个设计促进五年计划，用以指导国家设计产业的整体发展。韩国将 2001 年定为全国设计年。2004 年 3 月，韩国设计产业发展规划小组（Design Industry Development Planning Team）成立，其目标是有效地执行和完善在 2003 年 12 月"第五届韩国工业设计大会"上公布的"政府设计产业发展战略"（*Design Industry Development Strategy of the Participatory Government*）。韩国设计振兴院是该小组的工作指导机构。此外，韩国还定期出台国家设计政策报告。在基本统一意见的基础上，设计振兴院根据"政府设计产业发展战略"对产业建设中的核心任务进行了评估和完善，制定了中期和长期的工作目标。规划小组进而又分成五个小组，每个小组有 10 名左右来自工业设计院校和研究领域的专家。对于韩国设计振兴院可进一步做如下认识。

1. 宗旨方面：韩国设计振兴院从国民经济角度推进设计产业的发展

（1）推动韩国经济发展，通过将基于知识的设计产业作为未来发展的核心产业实现国家产业转型。

（2）创立符合韩国文化和国家特点的设计产业，树立韩国设计的形象，以应对 21 世纪世界形势的变化。

（3）促进"设计产业发展战略"的有效实施，达到推动下一代核心产业增长和国家均衡发展的目标。

2．设施方面：建立设计资源协作平台以提供全方位设计服务

2001 年，韩国设计振兴院下设的韩国设计中心在位于首尔市郊的城南落成，楼体建筑包括地上八层和地下四层，总建筑面积近 5 万 m^2。该中心与全球多个设计信息网络建立了链接。与此同时，韩国设计中心也为优秀设计创意的商业化以及后期的市场运作提供了先进的设施支持。其在项目设置上包括：

（1）设计交流。举办各种活动促进设计交流，包括：会议、研讨会、商务会议、宴会和音乐会等。

（2）设计信息。通过提供工作场所等方式为国际设计交流搭建基础平台，并出资兴建国际设计集聚区、国际商务孵化器以及一个国际设计图书馆。

（3）设计体验。为设计专家、学生和公众提供相应的设计培训。

（4）设计欣赏。韩国设计中心建有一个产品设计展厅和一家设计博物馆。设计博物馆收藏和展示韩国设计史上的优秀作品。

（5）设计孵化。韩国设计中心建有近千平方米的商业孵化器，它的功能是孵化专业设计公司，为其提供必需的设施和帮助。

（6）设计咨询。实施中小企业设计咨询项目，该项目将设计公司与中小企业设计发展进行业务联系。

2004 年 10 月，建筑面积近 1 万 m^2 的韩国设计体验中心落成，为公众提供了普及基本设计观念的机会，也有助于展示世界设计历史的发展。此后，韩国设计振兴院还对体验中心的设备进行了补充，开展了多种针对早期设计教育的培训项目。体验中心内的 DIY 活动和培训课程使人们能够自己动手设计和制作小型生活用品，优秀的方案会由国内外专业的设计师和设计研究机构联合开发。

3．推广方面：主办优秀设计奖宣传韩国的设计文化

韩国优秀设计奖（*Good Design Products Selection*）创立于 1985 年，它由韩国产业资源部资助，韩国设计振兴院主办。该奖项每年评选两次，评选的领域包括产品设计、包装设计、环境设计、传播设计、材料和表面处理设计等领域。评选由企业、学校、有关团体和政府等部门推荐评委人选，聘请各个领域的专家担任评委，综合评议产品的外观、功能、材料、经济性、独创性和安全性等项目。再从获得奖项的产品中按各个分类得分最高

的设计作品依次授予总统奖和国务总理奖。如果产品获奖，便有资格使用韩国政府认可的 GD 标记销售，成为政府优先采购的商品，享受政府政策资金支援的优惠待遇，优先推荐参加国内外各种展览。此外，该奖项还通过各种新闻媒体进行宣传，使获奖产品更具竞争力。该奖项由于在提高韩国产品设计水平、普及认知等方面的良好作用而受到好评。

4．针对职业设计公司方面，建立各类扶持机制

韩国设计振兴院为了推动本国职业设计公司朝着更大、更专业化的方向发展推出了一系列政策，具体包括：

（1）为了防止小规模设计公司的滥建，将设计公司的注册资本数额由起初的 5000 万韩元增加到 2 亿韩元。不允许那些商业能力不足的设计公司注册，限制其参加国家在某些时期进行的项目，规定设计公司必须雇佣 3 名以上专攻某一领域设计的设计师，以此来实现职业设计公司的专业化。

（2）推动设计公司采用企业式管理模式。对所开发的设计采取版税付费制度，推动设计公司采用企业式的系统管理模式，使它们能够以设计版税的形式获得一定比例的产品销售利润。

（3）评选"百强设计公司"。综合评估设计公司的管理能力和设计研发成果，定期评选出 100 家最佳设计工作室，通过主要的媒体向社会公布。

（4）设置中小企业设计之家诊断项目。该项目的目的是为企业创造设计需求，促使其认识到设计的重要性，推广设计产业的规模。项目通常会由一个领先的设计公司组织实施，"设计之家诊断小组"的成员为不在设计公司任职或已经退休的设计师。小组负责向那些不具备独立设计能力的中小企业提供诊断、指导和设计开发服务。

（5）扶持失业设计师。该项目主要面向那些失业的设计师，向他们传授数字时代必需的新设计技术，并为他们提供工作机会，目的在于提高这些设计师在数字时代和国际市场上的竞争力，为韩国中小企业装配数字设计引擎。项目会选择一些有潜力的失业设计师，通过培训帮助他们获得图形用户界面（GUI）、网页三维模拟（*Web 3D Modeling*）等数字设计技术，利用实习项目将他们分配到相关的公司工作。专业培训的时间通常是 2～3 个月，接下来是为期 4 个月的长期实习项目。那些成功完成该项目的设计师将会获得工作机会。

此外，韩国政府还在中小设计工作室集中的地区装备了较为先进的设计设备使用中心，使设计师和中小企业能够利用这些设备加工出先进的设计制品，并为它们提供有关设计发展和管理的咨询服务。中心内部的设计产业展室为这些企业提供场所，用以举办各种研讨会、展览和信息交流等活动。通过建立公共平台性质的设计使用中心，政府允许职业设计公司和中小企业利用公共设施来改进设计质量，提升设计实现度，降低它们的投资风险。同时，中心也鼓励各类企业增加对设计的具体应用，增强它们在国际市场的竞争力。

1998—2002 年，韩国设计振兴院通过第二个设计促进五年计划启动了两个关键工程，它们是"中小企业设计咨询"项目和"工业技术发展基金"。其中，"中小企业设计咨询"已经为近 5000 个创意设计项目提供了必要资助，而"工业技术发展基金"则主要是通过向中小企业提供长期低息贷款来帮助其开发产品模型。

5. 针对企业方面，加强工业设计技术实现能力

韩国设计振兴院在提升企业设计创新能力方面也进行了较多尝试。

（1）设置设计材料和处理技术发展项目。该项目的内容主要在于推动体验类设计的发展，此类设计被韩国设计振兴院定位于决定 21 世纪产品竞争力的关键因素。项目支持开发新的数字设计技术、对未来设计内容进行研发、鼓励核心设计实现技术的发展，如可以使产品具备差异化特质和增加产品附加值的技术等。项目的主要任务包括以下几点：

1）支持企业、设计公司、大学和设计中心研发设计材料、处理和后处理技术。

2）支持对交互界面、通用设计、数字设计等有前景的工业设计技术的研发。

3）支持能够刺激地方工业发展的技术和模型的研发，例如地方文化产品体系的发展等等。

（2）规划核心产业设计发展路线图。该项目的目标是甄选出那些有发展前途的设计实现技术和其他核心技术，设置国家发展计划，力争使韩国进入设计的先进国家行列，借助相关研究结果对未来韩国核心产业的发展提供设计支持。以 2010 年设计技术路线图为例，建立包括多个核心行业在内的设计研发项目和其他通用性设计技术，涉及的产业包括：数字电子、人工智能家庭网络、新一代手机通信、数字媒体设计、智能机器人、未来汽车、造船、机械制造等等。为了有效对项目进行实施，这些核心产业被划归四个子区块，每个区块邀请了该领域的顾问和专业人员为其建立框架和研究目标，遴选出设计核心技术的支持对象和需要完成的各类任务。

6．推动全球化方面，建立东北亚设计协作网络

由韩国产业能源部主办、韩国设计振兴院承办的"韩国设计展"旨在为韩国成为东北亚设计中心奠定基础。活动包括"年度世界最佳设计展览"和"韩国设计国际会议"。展览展出世界上著名的设计产品和国内外知名设计工作室，促进企业之间的商业交流。国际会议的举办推动了公司间就世界设计潮流的发展交换意见，为普通设计师提供了学习的机会。自 2004 年起，由韩国设计振兴院与北京工业设计促进中心主办的"中韩设计论坛"已成功举办了三届，论坛吸引了上百名中韩两国的设计师、企业代表、院校专家和设计专业学生参加，就中韩设计产业的现实问题、亚洲设计的角色、提高设计竞争力的方法、中韩设计界的未来合作问题展开了有益的讨论。

随着中国、印度等亚洲发展中国家经济的快速发展和崛起，必将带来大量新生的设计需求，亚洲设计市场的规模将进一步扩大，包括韩国

在内的设计战略性国家都关注到这一趋势，将其认作进入亚洲经济体系的重要契机。

此外，为了追赶欧美工业产品的整体水平，提高工业设计的竞争力，韩国也十分注重加强对趋势战略和新素材开发等问题的研究。韩国设计振兴院对特定地域产品的工业设计的偏好进行了详细分析，研究特定地域的生活习惯，开发工业设计经济价值的评价手段。通过这些研究，韩国设计振兴院向韩国设计公司传达了国外的设计需求倾向，以便于后者国际业务的开展。

（三）政策目标

- 扩大设计产业的企业基础；
- 培训世界级的设计人员；
- 加强本地化设计创新能力；
- 加强设计研究和产品开发的能力；
- 发展东亚国际设计交流，加强合作。

（四）政策措施

- 设置行政直属机构统筹全国设计产业发展；
- 建立、维护并资助设计基础设施；
- 创立国际设计高级科研院校；
- 建设国家设计创新中心和各类区域设计中心。

附录 E　工业设计工作内容相关的分类表

一、洛迦诺协定

《建立工业品外观设计国际分类洛迦诺协定》（*Locarno Agreement on Establishing an International Classification for Industrial Design*），简称《洛迦诺协定》，是巴黎联盟成员国间签订的专门协定之一，1968 年 10 月 4 日在洛迦诺签订，1971 年起生效。该协定规定，每个缔约国的主要机关必须在记载工业品外观设计备案或注册的官方文件中，以及在该主管机关发行的有关备案和注册的任何出版物里，标上适用的国际分类号。

《洛迦诺协定》的参加国组成了"洛迦诺联盟"，在联盟的国家中，采用统一的工业品外观设计分类法。该联盟的执行机构是世界知识产权组织国际局。联盟除大会外，还设有一个国家委员会，定期修改国际分类法。

截止到 2004 年 12 月 31 日，该联盟共有成员国 44 个。1996 年 6 月 17 日，中国政府向世界知识产权组织递交加入书，1996 年 9 月 19 日中国成为该协定成员国。

序　号	分　　类
第 1 类	食品，包括营养品
第 2 类	各种服装和衣着用品，包括鞋
第 3 类	其他未列入的旅行用品和个人用品
第 4 类	刷子类
第 5 类	纺织布匹制品和其他被单类材料
第 6 类	家具与陈设品
第 7 类	其他类未列入的家具用品
第 8 类	工具和五金用品
第 9 类	包装和容器

（续）

序　号	分　　类
第 10 类	钟、表及测量仪器
第 11 类	装饰品
第 12 类	运载工具
第 13 类	发电配电输电设备
第 14 类	电子和电子产品
第 15 类	工业用和家用机器
第 16 类	摄影电影光学设备
第 17 类	乐器
第 18 类	印刷和办公机械
第 19 类	文具、办公家具和教学材料
第 20 类	销售和广告设备
第 21 类	游戏、玩具和体育用品
第 22 类	武器、打猎、捕鱼和捕兽用具
第 23 类	卫生供暖通风空调设备
第 24 类	医疗、实验室设备
第 25 类	建筑施工构件用品
第 26 类	照明设备
第 27 类	烟草吸烟工具
第 28 类	药品、化妆品、梳妆用品和器具
第 29 类	人类的安全和保护装置和设备
第 30 类	动物照管和驯养设备
第 31 类	其他杂项

二、美国工业设计产权内容分类表

美国工业设计业分类及标准标号由美国专利/商标局制定的 *The U.S. Patent Classification system* (USPC) 确定。USPC 系统的工业设计分类清单提供了一个美国设计专利的框架结构，工业设计专利被要求针对从装饰性设计到工业制品的整个范畴以来，工业设计分类清单有效地推动了已被授予专利的工业设计的发展。设计专利分类的依据是基于产品功能或者工业设计所透露出的设计意图并体现在设计专利之中。拥有相同功能的工业设计通常会被分为相同的设计类别，尽管每个独立的设计会被用在不同的环境下。

D1	Edible Products	食用产品
D2	Apparel and Haberdashery	服装及服饰
D3	Travel Goods, Personal Belongings, and Storage or Carrying Articles	旅行用品、个人用品以及存储及便携物品
D4	Brushware	刷洗用具
D5	Textile or Paper Yard Goods; Sheet Material	纺织品、纸制品、板材用品
D6	Furnishings	家具
D7	Equipment for Preparing or Serving Food or Drink Not Elsewhere Specified	食品及饮水用具
D8	Tools and Hardware	工具及五金器材
D9	Packages and Containers for Goods	产品包装及容器
D10	Measuring, Testing or Signaling Instruments	测量、测试及信号设备
D11	Jewelry, Symbolic Insignia, and Ornaments	珠宝及象征意义的徽章及饰品
D12	Transportation	交通工具
D13	Equipment for Production, Distribution, or Transformation of Energy	销售生产型设备以及能源转化设备
D14	Recording, Communication, or Information Retrieval Equipment	录制、通信及信息检索设备
D15	Machines Not Elsewhere Specified	
D16	Photography and Optical Equipment	摄影与光学仪器
D17	Musical Instruments	乐器
D18	Printing and Office Machinery	印刷与办公用具
D19	Office Supplies; Artists' and Teachers' Materials	办公设备，艺术及教育器材
D20	Sales and Advertising Equipment	促销及广告器材
D21	Games, Toys and Sports Goods	游戏，玩具和体育用品
D22	Arms, Pyrotechnics, Hunting and Fishing Equipment	武器、烟火、狩猎、捕鱼设备
D23	Environmental Heating and Cooling, Fluid Handling and Sanitary Equipment	环境加热、制冷设备，液体处理及卫生设备
D24	Medical and Laboratory Equipment	医疗实验器材
D25	Building Units and Construction Elements	建材
D26	Lighting	照明

（续）

D27	Tobacco and Smokers' Supplies	烟草吸烟用品
D28	Cosmetic Products and Toilet Articles	化妆品和盥洗用品
D29	Equipment for Safety, Protection and Rescue	安全、保护和急救设备
D30	Animal Husbandry	动物用品
D32	Washing, Cleaning or Drying Machines	洗衣机、干洗机和烘干机
D33	Material or Article Handling Equipment	材质或物品加工设备
D34	Miscellaneous	其他

三、日本工业设计业工作内容分类表

日本的工业设计分类并没有借鉴国际通用的洛迦诺协定，而是结合了本国实际情况和特殊性独自制定，主要目的在于向日本专利局以及其他的客户提供一个便捷的搜索工具。分类主要是基于对物品的使用方式、功能和造型的划分而进行的。

A	Processed food and Favorite Goods	加工的食品和流行的商品
B	Clothing and Personal Goods	衣物及个人用品
C	Goods for Daily living	日常生活用品
D	Housing Equipment	家居设备
E	Hobby and Recreational Goods and Athletic Implements	业余爱好和娱乐用品及运动员装备
F	Office Supplies and Merchandising Goods	办公用品
G	Transport or Conveyance Machines	运输、输送工具
H	Electric and Electronic Machinery and Instruments, Communication Machinery and Implements	电气和电子机械，仪器仪表，通信机械及器具
J	Common Machinery and Instruments	常用机械和仪器
K	Industrial Machinery and Instruments	工业机械和仪器
L	Supplies and Equipment for Civil Engineering and Construction	土木工程及建筑用品和设备
M	Various Basic Products Which do not belong to A to L Groups	不包含在 A 到 L 中的基础产品
N	The Article which do not belong to Other Groups	其他

参 考 文 献

[1]　陈岱孙．政治经济学史[M]．长春：吉林人民出版社，1981．

[2]　陈晓涛．产业演进论[D]．成都：四川大学经济学院，2007．

[3]　邓丽．关于中国工业设计现状、不足与优势分析[J]．工业设计，2010：126-127．

[4]　董锡．建言上海申报国家工业设计示范城市[J]．上海企业，2012（8）：31-34．

[5]　范金．应用产业经济学[M]．北京：经济管理出版社，2004．

[6]　龚勤林．产业链延伸的价格提升与研究[J]．价格理论与实践，2004（3）：33-34．

[7]　韩顺法．文化创意产业对国民经济发展的影响及实证研究[D]．南京：南京
　　　航空航天大学经济与管理学院，2010．

[8]　何启飞．增长极视角下我国工业设计产业发展策略探讨[J]．商业时代，2012
　　　（5）：117-118．

[9]　何人可．工业设计史[M]．4版．北京：高等教育出版社，2010．

[10]　何人可．湖南省工业设计创新平台建设．节能环保 和谐发展 —— 2007 中国
　　　科协年会论文集（二）[C]，2007：1-6．

[11]　洪华．工业设计产业发展的三个阶段[J]．中国质量，2005（3）：21-23．

[12]　花建．创新融合集聚：文化产业、信息技术与城市空间三者间的互动趋势[J]．
　　　社会科学，2006（6）：43-49．

[13]　黄胜平．中国自主创新探路[M]．北京：人民出版社，2007．

[14]　蒋红斌．超以象外，得其圆中 —— 从汉字字体演进的外部因素比较来探索
　　　设计的创造性[D]．北京：清华大学美术学院，2004．

[15]　靳明．绿色农业产业成长研究[C]．杨凌：西北农林科技大学经济管理学院，
　　　2006．

[16]　李乐山．工业设计思想基础[M]．2版．北京：中国建筑工业出版社，2007．

[17]　李沛新．文化资本论[D]．北京：中央民族大学，2006．

[18]　李一舟，唐林涛，等．设计产业化与国家竞争力[J]．设计艺术研究，2012，2

（2）：6-12.

[19] 凌继尧. 工业设计概念的衍变[J]. 南京艺术学院学报，2009（4）：13-15.

[20] 凌继尧，张晓刚，等. 中国设计创意产业发展现状与研究[J]. 创意与设计，2012（4）：22-30.

[21] 刘贵富. 产业链基本理论研究[D]. 长春：吉林大学管理学院，2006.

[22] 柳冠中. 事理学论纲[M]. 长沙：中南大学出版社，2006.

[23] 柳冠中. 急需重新理解"工业设计"的"源"与"元"——由"产业链"引发的思考[J]. 艺术百家，2009，106（1）：104-107.

[24] 柳冠中，唐林涛，等. 创新的悖论："制造型工业经济"的文化现象[J]. 装饰，2007（12）：20-23.

[25] 刘永谋. 自主创新与建设创新型国家导论[M]. 北京：红旗出版社，2006.

[26] 马洪，王梦奎，等. 中国发展问题研究：国务院发展研究中心研究报告选[M]. 北京：中国发展出版社，2005.

[27] 马宁. 国内工业设计的现状分析及对策研究[J]. 设计思想与艺术理论，2010（2）：31-34.

[28] 任娟娟，吕月英，等. 生产性服务业文献综述[J]. 经济研究导刊，2012（11）：276-278.

[29] 日下公人. 新文化产业论[M]. 范作申，译. 北京：东方出版社，1989：162.

[30] 上海市经济和信息化委员会. 加速推进工业设计产业健康发展[EB/OL]. [2009-07-26]. http://finance.sina.com.cn/roll/20090726/07532971421.shtml.

[31] 史培勇. 中韩两国设计产业的发展[J]. 装饰，2009（4）：141-142.

[32] 施惟达. 从文化产业到创意产业[J]. 学术探索，2009（5）：25-26.

[33] 苏东水. 产业经济学[M]. 北京：高等教育出版社，2005.

[34] 孙林岩. 全球视角下的中国制造业发展[M]. 北京：清华大学出版社，2008.

[35] 孙艺哲，杨雄勇，等. 发展工业设计，推动湖南经济腾飞[J]. 湖南商学院学报，2009（2）：24.

[36] 唐林涛. 设计事理学理论、方法与实践[D]. 北京：清华大学美术学院，2004.

[37] 唐啸. 湖南省工业设计现状及发展战略研究[D]. 长沙：湖南大学设计艺术学院，2008.

[38] 汤重熹. 英国工业设计提升国家竞争力[J]. 现代制造，2003（2）：64-68.

[39] 童慧明. 珠三角工业设计[J]. 美术观察，1998（8）：10-12.

[40] 王汉友. 工业设计产业区域竞争优势比较研究[J]. 包装工程，2012，33（12）：120-122.

[41] 王晖. 中国工业设计产业集聚区形成研究. 全国经济地理研究会第十三届学术年会暨金融危机背景下的中国区域经济发展研讨会论文集[C]. 北京：全国经济地理研究会，2009.

[42] 王述英. 新产业化与产业结构跨越式升级[M]. 北京：中国财政经济出版社，2005.

[43] 王晓红. 工业设计的概念及对转变经济发展方式的作用[J]. 财经扫描，2011（5）：71-73.

[44] 王晓红. 十二五规划与中国工业设计[J]. 设计，2011（1）：40-43.

[45] 沃克，阿特菲尔德，等. 设计史与设计的历史[M]. 周丹丹，译. 南京：江苏美术出版社，2011.

[46] 肖琴. 新时期体育产业流通链发展研究[J]. 中国商贸，2010（10）：217-218.

[47] 徐超. 新世界中国工业设计漫议[J]. 浙江工艺美术，2001（3）：21-23.

[48] 许平. 影子推手：日本设计发展的政府推动及其产业振兴政策[J]. 南京艺术学院学报，2009（5）：29-35.

[49] 杨公仆. 产业经济学教程[M]. 上海：上海财经大学出版社，2002.

[50] 杨欢进. 产业经济学[M]. 石家庄：河北人民出版社，2005.

[51] 姚继蔚. 国内外平地机产品技术特点分析与展望[J]. 建筑机械，2012（3）：65-75.

[52] 尹圣智. 中国工业设计现状与发展探讨[J]. 科技创新导报，2011（6）：67-68.

[53] 殷文琪. 推进上海创意产业发展的公共政策研究[D]. 上海：华东理工大学社会与公共管理学院，2011.

[54]　郁义鸿. 产业链纵向控制与经济规制[M]. 上海：复旦大学出版社，2006.

[55]　在线. 瑞士钟表何以名扬世界[EB/OL].[2012-02-22].

　　　 http://luxury.chinadaily.com.cn/2012-02/22/content_14665016.htm.

[56]　在线. 工业和信息化部关于加强工业产品质量工作的指导意见[EB/OL].

　　　 [2009-04-23].http://www.gov.cn/gongbao/content/2009/content_1399844.htm.

[57]　张大为. 设计产业发展实证研究[J]. 经济研究导刊，2012（1）：188-195.

[58]　张梅青，王稼琼，靳松，等. 创意产业链的价值与知识整合研究[J]. 知
识管理，2007（3）：68.

[59]　张宇燕. 全球化与中国发展[M]. 北京：社会科学文献出版社，2007.

[60]　赵方忠. 工业设计产业的北京机遇[J]. 投资北京，2008（10）：30-31.

[61]　赵继敏. 文化创意产业的地理学研究进展[J]. 地理科学进展，2009（7）：
503-510.

[62]　赵彦云. 中国制造业产业竞争力评价和分析[M]. 北京：中国标准出版社，
2005.

[63]　中华人民共和国工业和信息化部. 关于促进工业设计发展的若干指导意见
[EB/OL].[2010-07-22]. http://www.gov.cn/zwgk/2010-08/26/content_1688739. htm.

[64]　祝新. 生产性服务业发展与区域经济增长[D]. 武汉：华中科技大学管理学
院，2011.

[65]　Alexander C. Notes on the Synthesis of Form[M]. Cambridge, MA: Harvard
University Press, 1964.

[66]　Arnold J. Big Ideas: A History of Field Research in Industrial Design in the
United States[J]. Joining Forces, 2005(9):22-24.

[67]　Attfield J, Walker J. Design History and the History of Design[M]. London: Pluto
Press, 1990.

[68]　Baldwin C Y. Between 'Knowledge' and 'the Economy': Notes on the Scientific
Study of Designs[J]. Scientific Studies of Designs, 2005(8):2-4.

[69]　Baldwin C Y. The Fundamental Theorem of Design Economics[J]. Harvard

Business School (Draft Version), 2002:3-7.

[70]   Baldwin C Y, Clark K B. Design Rules: The Power of Modularity[M]. Cambridge, MA: MIT Press, 2000.

[71]   Baldwin C Y, Hienerth C, Hippel E V. How User Innovations Become Commercial Products: A Theoretical Investigation and a Case Study[J]. MIT Sloan Research Paper, 2006(3):4-5.

[72]   Baran P. Monopoly Capital: An Essay on the American Economic and Social Order[M]. New York: Monthly Review Press, 1966.

[73]   Baumol W J. The Free-Market Innovation Machine[M]. Princeton, NJ: Princeton University Press, 2002.

[74]   Benny Madsen & Rob Brownstein. The New Industrial Revolution: The Power of Dynamic Value Chains[M]. Sunnyvale: LitePoint Books, 2007.

[75]   Bertalanffy L V. General System Theory: Foundations, Development, Applications[M]. New York: George Braziller Inc, 1969.

[76]   Burdek B E. Design: The History, Theory and Practice of Product Design[M]. Basel: Birkhäuser Architecture, 2005.

[77]   Carlson C, Wilmot W. Innovation: The Five Disciplines for Creating What Customers Want[M]. New York: Crown Business, 2006.

[78]   Caves R E. Creative Industries: Contract Between Art & Commerce[M]. Cambridge, MA: Harvard Business Press, 2000.

[79]   Cho, D S. Design, Economic Development, and National Policy[J]. Design Management Review, 2004:10-20.

[80]   Christensen C M. The Innovator's Dilemma: The Revolutionary Book That Will Change the Way You Do Business[M]. New York: HarperBusiness, 2011.

[81]   Christensen C M. Harvard Business Review on Innovation[M]. New York: Harvard Business School Press, 2001.

[82]   Conran T. Designers on Design[M]. New York: Collins Design, 2005.

[83] Crain W. Theories of Development[M]. New Jersey: Prentice Hall, 2005.

[84] Design Council of United Kingdom. International Design Scoreboard: Initial Indicators of Design Capabilities [EB/OL]. [2009-04-23]. http://www.designcouncil.org.uk/publications/international-design-scoreboard.

[85] Ehrenfeld J. Sustainability by Design: A Subversive Strategy for Transforming Our Consumer Culture[M]. London: Yale University Press, 2008.

[86] Eppinger S D. Model-Based Approaches to Managing Concurrent Engineering[J]. Journal of Engineering Design, 1991(2):283-290.

[87] Evans J. Statistics, Data Analysis & Decision Modeling[M]. London: Pearson, 2009.

[88] Feser E J. Enterprises, External Economics, and Economic Development[J]. Journal of Planning Literatures, 1998, 12(3):40-43.

[89] Florida R. Cities and the Creative Class[M]. Abingdon: Routledge, 2004.

[90] Freeman C. Networks of Innovators: A Synthesis of Research Issues[J]. Research Policy, 1991(20):499-514.

[91] Gantz C. The Industrialization of Design: A History from the Steam Age to Today[M]. Jefferson NC: McFarland, 2010.

[92] Gorb P, Angela D. Silent Design[J]. Design Studies, 1987, 8(3):150-156.

[93] Gupta K. Industrialization and Employment in Developing Countries[M]. Oxford: Taylor & Francis, 2002.

[94] Hara K. Designing Design[M]. 2nd ed. Paris: Lars Muller Verlag, 2007.

[95] Harrington J W. Empirical Research on Producer Service Growth and Regional Development: International Comparisons[J]. Professional Geographer, 1995(1):11-15.

[96] Heath A. Industrial Design: 300 Years of Industrial Design: Function, Form, Technique[M]. New York: Watson-Guptill Publications, 2000.

[97] Heskett J. Industrial Design[M]. New York: WW Norton & Co Inc, 1985.

[98] Hirschman A. The Strategy of Economic Development[M]. New Haven, Conn.:

Yale University Press, 1958.

[99]   Howkins J. The Creative Economy: How People Make Money from Ideas[M]. New York: Penguin Global, 2004.

[100] International Council of Societies of Industrial Design. Definition Of Design [EB/OL]. [2006-06-01]. http://www.icsid.org/about/about/articles31.htm.

[101] Jeffrey L. Design in the USA[M]. Oxford: Oxford University Press, 2005.

[102] Jomo K. Southeast Asia's Industrialization: Industrial Policy, Capabilities and Sustainability[M]. London: Palgrave Macmillan, 2001.

[103] Kiely R. Wilmot W. Industrialization and Development: An Introduction[M]. Oxford: Taylor & Francis, 2007.

[104] Klepper S. Entry, Exit, Growth, and Innovation over the Product Life Cycle[J]. The American Economic Review, 1996(6):120-124.

[105] Liu X. Current Situation and Practice of Design for Sustainability in China[J]. Bangalore: Proceedings of the LeNS Conference, 2010:540-549.

[106] Lockwood T. Design Thinking: Integrating Innovation, Customer Experience, and Brand Value[M]. New York: Allworth Press, 2009.

[107] Marjorie B. The Impact of Industrial Design Effectiveness on Corporate Financial Performance[J]. Journal of Product Innovation Management, 2005(6):3-21.

[108] Martin S. The New Palgrave Dictionary of Economics and the Law[M]. New York: Blackwell Publishers, 2001.

[109] Mercer F. The Industrial Design Consultant[M]. London: The Studio, 1947.

[110] Mokyr J. The Gifts of Athena: Historical Origins of the Knowledge Economy[M]. Princeton, NJ: Princeton University Press, 2002.

[111] Naisbitt J. Megatrends: Ten New Directions Transforming Our Lives[M]. New York: Grand Central Publishing, 1998.

[112] Nelson R. National Innovation Systems: A Comparative Analysis[M]. Oxford: Oxford University Press, 1993.

[113] Nicholas G. Toward a theory of cultural materialism[J]. Journal of Communication, 1983, spring:314-329.

[114] Noblet J. Industrial Design: Reflection of a Century - 19th To 21st Century[M]. Paris: Flammarion, 2008.

[115] O' Connor J. The Definition of the Cultural Industries[J]. The European Journal of Arts Education, 2000, 2(3):15-27.

[116] Papanek V. Design for The Real World[M]. 2nd ed. Chicago: Academy Chicago Publishers, 2005.

[117] Perks H. Research in International new Product Development: Current Understanding and future imperatives[M]. London: Edward Elgar Publishing Ltd, 2008.

[118] Perroux F. Development Mini-Set M: Theories of Development: A New Concept of Development: Basic Tenets. Routledge Library Editions[M]. Abingdon: Routledge, 2011.

[119] Perroux F. Cluster and the New Economics Competition[J]. Harvard Business Review, 1950(6):120-124.

[120] Pine Ⅱ B J, Gilmore J H. The Experience Economy[M]. 2nd ed. Cambridge, MA: Harvard Business Review Press, 2011.

[121] Porter M. Clusters and the new economics of competition[J]. Harvard Business Review, 1998, 76(6):15-20.

[122] Salvatore D. Introduction to International Economics, Study Guide[M]. New York: Wiley, 2005.

[123] Schmitz H, Rabelloti R. The Internal Heterogeneity of Industrial Districts in Italy, Brazil and Mexico[J]. Regional Studies, 2000, 33(2): 97-108.

[124] Scott A J. The Cultural Economy of Cities[M]. London: SAGE Publications, 2000.

[125] Simon H A. The Sciences of the Artificial. 2nd ed[M]. Cambridge, MA: MIT Press, 1981.

[126] Slack L. What is Product Design[M]. Sheridan House: RotoVision, 2007.

[127] Utterback J M, Alvarez E, Tether B. Design-inspired Innovation[M]. New Jersey: World Scientific Publishing Company, 2006.

[128] Verganti R. Design as brokering of languages. The role of designers in the innovation strategy of Italian firms[J]. Design Management Journal, 2003, 14(3): 34-42.

[129] Verganti R. Design Driven Innovation: Changing the Rules of Competition by Radically Innovating What Things Mean[M]. Cambridge, MA: Harvard Business Press, 2009.

[130] Verganti R, Marchesi A, Dell'Era C. Mastering technologies in design-driven innovations: how two Italian furniture companies make design a central part of their innovation process[M]. Research Technology Management, 2010(3):12-23.

[131] Vogel C M, Cagan J. Creating Breakthrough Products: Innovation from Product Planning to Program Approval[M]. New Jersey: FT Press, 2001.

[132] Wolpert L. Principles of Development[M]. Oxford: Oxford University Press, 2006